정치비타민

정치에 활력을 주는 박경미의

정치비타민

박경미 지음

비타베아타

"정치권에 들어오기 전에 어떤 일을 하셨어요?"
"수학교육과 교수였습니다."

　질문에 대한 나의 답변을 듣는 순간 상대방은 예외없이 의아한 표정을 짓는다. 정치와 가장 거리가 멀다고 느껴지는 분야가 수학이기 때문이다. 수학과 정치는 평행선을 달리며 교점이 없어 보인다. 수학에는 공식이 있지만 정치에는 공식이 없다. 예를 들어 다면체에서 성립하는 '오일러의 정리'는 어떤 모양의 다면체에도 적용되지만, 정치에는 상황을 풀어나가는 범용 공식이 없고, 해결 방법이 있더라도 매번 다르다.

　이처럼 수학과 정치는 달라 보이지만 그 본질은 맞닿아 있기도 하다. 수학 연구는 자명한 사실에서 출발해 하나하나 벽돌을 쌓듯 연역적으로 논증을 하는 과정인데, 정치 역시 약속을 주춧돌로 삼고 타당한 근거에 기초해서 추론하는 과정이 중요하다. 수학과 정치는 상상력이라는 점에서도 공통분모가 있다. 흔히 정치는 상상력을 발휘해야 하는 가능성의 예술이라고 하는데, 수학 연구 역시 상상력을 필요로 하는 경우가 많다.

책 제목《정치비타민》은 정치에 새로운 활력을 주는 비타민이 되겠다는 바람을 담고 있다. 교수 시절 펴낸 교양서《수학비타민》의 연장선이기도 하다. 내 삶의 양상이《수학비타민》에서《정치비타민》으로 바뀐 건 대학에서 국회로 옮겨 가면서부터다. 내가 재직하던 대학교는 서강대교 북단에 위치하고, 국회는 서강대교 남단에 위치하니, 한강다리 하나를 사이에 두고 위치이동을 한 셈이다. 대학에서 국회까지 10분이 걸리지 않는 짧은 거리지만 심리적 거리는 매우 멀었다. 대학이 '평온한 식물원'이라면, 정치권은 '역동적인 동물원', 더 나아가 '변화무쌍한 정글'이었다.

2016년 정치 입문 후 정글에서의 7년 반은 그 양태가 조금씩 다를 뿐 늘 문재인 정부와 함께였다. 첫 1년은 야당 국회의원으로 탄핵 국면을 거치며 문재인 정부를 탄생시켰고, 그 후 3년은 여당 국회의원으로 문재인 정부의 출범과 더불어 나라의 기틀을 다시 세우고 대한민국의 도약에 힘을 보탰다. 2020년부터 2년은 청와대 교육비서관과 대변인으로 후반기 문재인 정부의 국정과제를 추진하고 대통령의 입이 되어 대언론·대국민 소통의 최전선에 섰다.

정권교체 이후 1년은 국회의장 비서실장으로 현 정권의 문재인 정부 지우기와 대한민국의 퇴행을 안타깝게 지켜보았다. 최근 반년 동안 더불어민주당 교육특별위원회 위원장으로 윤석열 정부의 실정을 특히 교육 분야에 초점을 맞추어 비판하고 대안을 제시했다.

책의 1부는 청와대의 뒷이야기와 소회를 담았다. 사진을 찍을 때 프레임을 잡고 그 안에 인물과 풍광을 담아내는 것처럼, 청와대 교육비서관과 대변인으로 내 생각과 느낌의 프레임에서 대통령과 당시의 상황을 사진에 담듯 정리했다. 책을 집필하고 일독해보니 문재인 대통령을 기술할 때 '진심'과 '진정성'이라는 단어가 여러 번 나왔다. 중복을 피하기 위해 일부는 다른 표현으로 수정했는데, 그만큼 문 대통령을 생각할 때 자연스럽게 나오는 단어가 '진심'과 '진정성'이다.

2부는 국회 이야기로, 국회의원 의정활동과 국회의장 비서실장 경험을 담았다. 내 삶의 궤적은 고등학교 교사, 대학 교수, 국회 교육위원회 위원, 청와대 교육비서관, 더불어민주당 교육특별위원회 위원장으로 이어져 온 만큼, 이를 관통하는 '교육'에 대한 생각을 함께 풀어냈다.

〈부록〉에서는 수학의 관점에서 윤석열 정부의 실정失政을 분석해보았다. 인간은 자신의 전공이나 일해온 분야에서 통용되는 인식의 틀로 세상을 바라보는 경향이 있는데, 수학은 윤석열 정부를 비판적으로 고찰하는 나름의 유용한 틀을 제공했다.

문재인 정부가 끝나기 며칠 전, 청와대 모든 직원에게 문자메시지가 발송되었다.

"5년간 지속된 공직기강주의보를 이제 해제합니다. 봄바람 불어오는 대한민국을 만들기 위해 가을 서리 같은 마음으로 스스로를 삼가며 달려오신 직원 여러분 그동안 수고 많으셨습니다."

청와대 각 실에는 신영복 선생님 글씨의 춘풍추상春風秋霜 액자가 걸려 있다. 대인춘풍待人春風, 남을 대하기는 춘풍처럼 관대하고, 지기추상知己秋霜, 자기를 지키기는 추상같이 엄격해야 한다는 글귀를 매일 바라보는 청와대 직원들은 서릿발 같은 주문을 마음에 새기고 살았다. 그런데 정권이 바뀌고 나니 춘풍추상의 대상이 뒤바뀌어 지기춘풍知己春風, 대통령 주변에 대해서는 춘풍과 같이 한없이 관대하고, 대인추상待人秋霜, 그 이외의 사람들 특히 문재인 정부 인사들에 대해서는 과도한 엄격함을 적용하고 있다.

무도하고 오만한 윤석열 정권에서 어둠은 점점 짙어지고 있다. 별은 어둠 속에서 더욱 빛난다는데, 칠흑 같은 어둠 속에서 더불어민주당과 문재인 정부의 성과가 더 빛을 발할 수 있으리라 생각한다. 이 정권 하에서 어떻게든 살아내며 어둠이 걷히고 동이 틀 수 있도록 힘을 모아야겠다.

책을 집필하며 많은 분이 떠올랐다. 청와대에서 마지막 날까지 함께했던 동료들, 국회에서 동고동락한 의원실과 국회의장 비서실 식구들, 메디치미디어 편집진 그리고 가족과 친지에게 수줍은 감사의 마음을 전한다.

2023년 12월
박경미

차례

1부

청와대의 박경미

국정을 이끄는 주체로 흔히 당·정·청을 말하는데,

20대 국회가 종료되고 바로 청와대에서 근무하기 시작하면서

당黨에 이어 청靑의 생활이 시작되었다. 국회의원과 비서관은

정책적, 정무적 능력을 두루 갖추어야 한다는 측면에서 공통분모가 많지만

차이도 상당했다. 국회의원은 각자가 헌법 기관으로 '보좌받는' 입장이고,

비서관은 해당 분야에서 철저하게 대통령을 '보좌하는' 역할이다.

국회의원은 독자적으로 스피커 역할을 하지만,

비서관은 대통령과 청와대의 입장을 대변하되

개인의 목소리는 내지 않는 일종의 투명 인간이라 할 수 있다.

1장

대변인과
브리핑

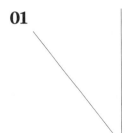

01

청와대
마지막 대변인의
고별 브리핑

2020년 6월 교육비서관으로 청와대 생활을 시작해 2021년 4월부터는 대변인으로 일했다. 대변인으로 임명받으며 통즉불통通卽不痛, 통하면 아픔이 없다는 사자성어를 떠올렸다. 대변인으로 청와대와 대통령의 입이 되어야 하는 것 못지않게 중요한 게 청와대와 대통령, 언론과 국민 사이의 소통이 원활히 일어나도록 하는 윤활유 역할이라 생각했기 때문이다.

대변인 첫인사

청와대 출입 기자들이 상주하는 춘추관에서 대변인으로 첫인사를 했다.

대변인은 영어로 'spokesperson'이라고 하는데, 이 용어에는 대통령과 청와대의 의견과 생각을 말한다는 데 방점이 찍혀 있습니

정치비타민

대변인 첫인사 (출처: KTV)

다. 저는 그뿐 아니라 언론인과 국민들의 생각을 많이 듣고 전달하는 '청취자 listener'로서 역할도 충실히 하겠습니다. 앞으로 대통령과 청와대, 국민, 언론의 열린 소통을 위해 가교 역할을 열심히 수행하겠습니다.

첫인사에서 이렇게 밝힌 이유는 교육비서관으로 대통령을 모신 경험에 비추어볼 때 대통령 자체가 '충실한 청취자'였기 때문이다. 문 대통령은 본인이 정통한 사안에 대해서도 참모와 전문가의 말을 끝까지 들었다. 나중에 이루어지는 대통령의 의견 개진을 들어보면 해당 사안을 꿰뚫고 있어 중간에 발언을 끊고 개입할 수도 있었을 텐데, 일단 충실하게 듣는 분이셨다. 문 대통령은 평생 인권변호사로 살아오며 의뢰인의 억울하고 딱한 상황을 들어주는 역할을 하다 보니 경청하는 자세가 몸에 배어 있었다.

나는 첫인사에서 약속한 대로 대변인으로 전달자뿐 아니라 청취자와 가교 역할에 충실하려 나름 노력을 했다. 코로나19의 사회적 거리두기로 언론인을 만나는 데 한계는 있었지만, 광범위한 의견 청취를 위한 다양한 기회를 가지면서 그 과정에서 수집된 이야기를 청와대에 전달하고자 했다.

대변인 고별 브리핑

문재인 정부의 마지막 날인 2022년 5월 9일 늦은 오후, 청와대 마지막 대변인으로 춘추관에서 마지막 브리핑을 했다. 마지막이 주는 애잔함이 증폭되면서 고별 브리핑을 하는 내내 마음속에서 격랑이 일었다.

국민께서 허락하신 5년 임기를 마치고 이제 문재인 정부는 역사속으로 들어갑니다. 우리 정부의 3대 위기를 흔히 총·균·쇠라고 합니다. 총은 북한의 핵과 미사일 위기, 균은 코로나19 위기, 쇠는 일본의 수출 규제 위기.
대통령이 오늘 퇴임 연설에서도 하신 말씀이죠. 문재인 정부는 위기를 극복하고 위기를 기회로 만들며 선도국가 또 선진국이 되었다고.
지난 시간을 되돌아보면 전 세계가 인정하는 성취의 기쁨도 있고,

정치비타민

역경을 이겨낸 자부심도 있었고, 또 짙은 아쉬움도 있습니다. 저도 여러분도 '아무도 흔들 수 없는 나라', '위대한 국민의 나라'를 만드는 역사적 현장에 함께 있었습니다.

여러분이 문재인 정부에 대해 깊은 애정을 갖고 있으면서도 때로는 청와대에 대해 비판적인 기사를 쓸 수밖에 없었던 것처럼 저 역시 브리핑에서 혹은 개별 통화에서 정제해서 말씀드릴 수밖에 없는 경우가 있었습니다. 각자에게 맡겨진 역할이었으니 너그러이 이해해 주셨으면 하는 바람입니다.

정권 5년 동안 대통령실 참모진들은 등판 시기에 따라서 선발투수, 중간계투, 마무리투수로 나뉩니다. 대통령의 하산 길에 동행하는 마무리투수에게 안타까움은 일종의 숙명이지만 그런 만큼 의미도 큰 것 같습니다.

차기 정부에도 대변인, 기자가 있지만 청와대와 춘추관이 사라지니 저는 마지막 청와대 대변인, 여러분은 마지막 춘추관 기자입니다. 마지막이기에 역설적으로 영원할 수 있다고 생각합니다.

차기 정부에서 여러 상황과 국면에 부딪히게 되면 문재인 정부의 정책과 대응과 대통령의 말씀이 끊임없이 소환되고 비교될 것입니다. 그 과정에서 문재인 정부는 새롭게 조명되어 재평가되고 세월이 켜켜이 쌓여가면서 문재인 대통령에 대한 그리움은 커질 것이라 생각합니다.

오늘이 문재인 정부의 5년 대장정의 마지막 페이지입니다. 문재인 정부의 진심과 노력, 국민과 맞잡은 따뜻한 손 그리고 마지막까지

대변인 고별 브리핑   (출처: KTV)

혼신의 힘을 다한 대통령을 길이 기억해 주셨으면 합니다. 문재인 정부의 시간이 저물면 에필로그가 이어질 텐데 그때 마지막 춘추관 기자로 울림이 있는 에필로그를 써주셨으면 하는 바람을 말씀드려 봅니다.

지금 작별인사를 드리지만 굽이굽이 인생길 어느 길목에선가 다시 반가운 미소로 만날 기회가 있으리라 생각합니다. 오늘 햇살이 찬란히 눈부시게 아름다운 날인데, 여러분의 앞날도 그러하기를 바랍니다. 다들 건강 잘 챙기시고 언론인으로 건필, 건승하시기를 기원합니다. 여러분과 함께여서 행복했고, 그간 감사했습니다.

고별 브리핑 내용 중 '문재인 정부의 정책과 대응과 대통령의 말씀

정치비타민

이 끊임없이 소환되고 비교될 것입니다'는 윤석열 정부의 잘못된 정책과 정국 운영이 있을 때 문재인 정부를 비교 대상으로 삼게 된다는 은유적인 소환이었다. 윤석열 정부의 거듭되는 실정失政을 볼 때 정확한 예측이었다. 그런데 문재인 정부의 참모들이 고소·고발되고 수사를 받기 위해 법률적으로 소환되는 일이 빈번하다. 마지막 브리핑의 '은유적 소환'이 참모들에 대한 '법률적 소환'으로 현실화되니, 고초를 겪고 있는 청와대 동료들에 대해 마음의 빚이 크다.

고별 브리핑 후 백브리핑에서 기자들은 여느 때와 마찬가지로 여러 질문을 했다.* 당일 저녁 대통령의 마지막 퇴근길을 배웅하기 위해 지지자들이 자발적으로 청와대 주변에 운집해 행사를 펼치기로 되어 있었는데 그에 대한 질문 등이 있었다.

"오늘 대통령께서 6시 밖에 나가셔서 간단한 인사말씀을 시민들한테 하는 것으로 알려졌는데, 어떤 내용이고 어느 정도 시간을 예상하는지요?"
"대통령께서 새 정부를 위해서 국무위원들의 사표를 반려하실 것으로 알려진 보도가 있었는데, 이에 대해서 해주실 말씀이 있는지요?"

---

* 대변인 브리핑에는 몇 가지 종류가 있다. 주요한 사안에 대해서는 기자들 앞에서 '온브리핑'을 하고, 중요도가 높지 않거나 시간이 촉박할 때는 '서면브리핑'을 내보낸다. 온브리핑이 끝난 후 대부분 '백브리핑'으로 전환하는데, 백브리핑은 말 그대로 뒤에서 하는 브리핑으로, 기자들과 질문·답변을 통해 공식 브리핑에 담기지 않은 추가 정보를 제공한다. 백브리핑도 기본적으로 공개되지만 비보도를 전제로 상세한 설명을 곁들이기도 한다.

문재인 대통령을 배웅하기 위해 청와대에 운집한 지지자들

"왕치산 부주석 만나고 나서 6시 퇴근하시기 전까지 대통령이 혹시 어떤 일을 하시는지 궁금하고, 아까 소회 말씀하셨는데 청와대 말고 춘추관 자체가 문 닫는 것에 대해서 관계자는 어떻게 소회가 있으신지요?"

말년 없는 청와대와 춘추관

문재인 대통령은 임기 마지막 날에도 숨 가쁜 일정을 소화했다. 우선 아침 일찍 국립현충원과 효창공원에서 참배했다. 국립현충원 참배는 대통령뿐 아니라 정치인의 행보로 빠지지 않아 의례적이라는 인상이 없지 않은데, 효창공원에 모신 백범 김구 선생님, 삼의사(이봉창, 윤봉

길, 백정기), 임시정부요인 묘역 참배는 특별함이 있었다. 대통령은 2017년 대선 출마 공식 선언 다음 날에도, 2017년 취임 후 첫 광복절에도 효창공원을 찾아 참배했으니 문재인 정부의 수미상관首尾相關의 의미가 있었다.

참배 후 대통령은 청와대로 돌아와 퇴임 연설을 했다. 오후에는 윤석열 대통령 취임식 참석을 위해 방한한 싱가포르 할리마 야콥 대통령을 면담하고 중국 왕치산 국가부주석을 접견했다.* 두 가지 외교 행사를 소화한 대통령의 일정에 맞추어 대변인은 서면브리핑을 내보냈고, 춘추관 기자들은 기사를 송고했다. 그야말로 말년 없는 청와대, 말년 없는 춘추관이었다.

---

* 싱가포르는 총리 중심의 국가로, 대통령은 상징적인 존재이지만 국가 정상이기 때문에 '면담'이고, 중국의 왕치산 국가부주석은 실세이지만 정상급이 아니기 때문에 '접견'이 된다.

02 대선 결과 브리핑

대선이 치뤄진 2022년 3월 9일, 개표를 지켜보며 밤을 지샜다. 2020년 총선에서 개인적으로 낙선한 것도 뼈아팠지만 대선 패배가 주는 절망과 좌절의 심연은 바닥을 알 수 없을 만큼 깊었다. 총선에 출마할 때 민주당이 취약한 서초에서 당선되지 못하더라도, 척박한 곳에 민주당의 뿌리를 내리고 외연을 확장하는 것 자체가 의미있는 도전이라고 생각했다. 비례대표 1번으로 국회에 입성했으니, 험지 출마로 당에 보답하겠다는 결심이었다. 2020년 총선에서 서초는 패배했지만 그건 국지적인 현상이고 민주당이 180석 가까이 얻었으니 여전히 든든했다. 그렇기에 총선 후에는 마음을 추스르며 일어설 수 있었지만 대선 패배는 또 다른 차원의 상실감이었다.

더불어민주당 이재명 후보를 선택한 1,614만 명의 국민 중에는 '외상 후 스트레스 장애(PTSD·Post Traumatic Stress Disorder)'에 비견될 만한 '선거 후 스트레스 장애(PESD·Post Election Stress Disorder)'를 겪는 사람들이 많았다. PESD는 2016년 미국 대선에서 트럼프 후보가 당선되면서 보편화된 현상이다. TV 뉴스를 보고 싶지 않아 EBS와 홈쇼핑만 본다는 분도 많았다.

눈물의 브리핑

대선 다음 날인 3월 10일, 청와대의 하루는 여느 날과 마찬가지로 시작되었다. 마음속은 온통 잿빛인데 평화롭게 펼쳐지는 청와대의 풍경조차 야속했다. 문재인 대통령이 윤석열 당선자*와 통화를 한다는 연락을 받고 대통령의 심경이 어떨지 걱정하며 집무실로 향했다. 대선 결과에 따른 대통령의 실망과 좌절이 익히 짐작되고도 남았지만 대통령은 의연한 모습이었고, 전화 연결이 되자 차분하게 메시지를 전했다.

문 대통령은 정치적인 입장이나 정책이 달라도 정부는 연속되는 부분이 많으니 새 정부가 공백 없이 국정운영을 할 수 있도록 지원하겠다며 통화를 마쳤다. 문 대통령은 2012년 대통령 선거에서 낙선을 경험한 터라 이재명 후보에 대한 동병상련의 마음이 그 누구보다 컸을 텐데 이를 뒤로 하고 여느 때와 다름없는 표정과 목소리로 통화하는 것을 지켜보니 심경이 더욱 복잡해졌다. 통화에서 윤석열 당선자는 문 대통령에게 많이 가르쳐달라면서 빠른 시간 내에 회동이 이루어지기를 바란

---

* 국어의 측면에서 볼 때 '당선자'와 '당선인'은 호환가능하다. 2008년 이명박 후보가 당선된 후 '당선자'보다는 '당선인'으로 불러달라는 요청이 있었고, 윤석열 후보 당선 후에도 용어를 두고 논란이 있었다. 최상위법인 헌법에는 '당선자'라고 되어 있고, 인사청문회법, 공직선거법, 대통령직인수법 등에는 '당선인'으로 되어 있다. '놈 자(者)' 자를 쓰는 것이 불경스럽다고 하는데, 유권자, 노동자 등 者를 쓰는 용어가 다수인 이상 당선자가 더 자연스럽고, 이 책에서도 '당선자'로 표기했다.

대선 결과 브리핑

다고 말했지만, 이후의 일들을 보면 그저 말의 성찬이었을 뿐이다.

대변인 브리핑은 당선자와의 통화 내용 그리고 대선 결과에 대한 대통령의 대국민 메시지로 구성되었다. 춘추관에서 온브리핑을 하는데 당선자와의 통화 내용에서는 담담했지만, 대국민 메시지 중 낙선한 분과 그 지지자들에게 위로의 마음을 전한다는 대목에서는 마음이 무너져 내렸다. 당시 여러 생각이 교차했다. 0.73%p 차이로 석패한 이재명 후보에 대한 안타까움, 이재명 후보에게 온 마음을 모았던 지지자들의 상실감, MB 정부가 출범한 후 참여정부 인사들에 대해 가해졌던 핍박이 앞으로 재연될 것이라는 불길한 예측, 우리 사회가 경험할 퇴행에 대한 예감 등이 복잡하게 스쳐 갔다. 결국 온브리핑을 중단하고 몇 분동안 마음을 추스른 후에야 브리핑을 재개했다.

정치비타민

다음은 문재인 대통령이 국민들께 드리는 말씀입니다.

"당선되신 분과 그 지지자들께 축하 인사를 드리고, 낙선하신 분과 그 지지자들께 위로의 마음을 전합니다. 코로나 상황 속에서 투표에 많이 참여하고 선거가 무사히 치러질 수 있도록 협조해주신 국민들께 감사드립니다. 선거 과정이 치열했고 결과 차이도 근소했지만, 이제는 갈등을 극복하고 국민 통합을 이루는 게 중요합니다. 우리 정부는 국정 공백 없이 마지막까지 국정에 전념하며 차기 정부가 잘 출범할 수 있도록 지원하겠습니다."

청와대 대변인으로 냉철함을 유지했어야 했다. 문 대통령은 2009년 노무현 전 대통령의 서거를 알릴 때도 평정심을 잃지 않았는데, 감정을 통제하지 못한 브리핑 때문에 누를 끼친 것 같아 송구스러웠다. 언론은 청와대 대변인의 눈물에 대한 비판 기사를 쏟아냈고, 방송도 마찬가지였다. 포털에서는 댓글이 1만 개 넘게 달리며 댓글 1위 기사가 되었고 차마 입에 담을 수 없는 비난 댓글로 도배가 되었다. 물론 민주당 지지자 중에는 나의 눈물을 통해 연대와 공감을 확인하며 함께 울었다고 격려를 보내준 분도 적지 않았다.

대변인의 눈물짓는 모습을 보며 아직 잘 믿어지지 않는 현실이 조금은 실제처럼 느껴졌습니다. 5년 만에 이게 또 뭔가, 왜 힘들게 1보 전진하고서 다시 2보 후퇴하는 것 같은 일이 반복되는가 한탄하게 되지만, 한편으로는 이번에는 좀 더 담담하게 견디고 기다릴 수 있을 거라는 자신도 생깁니다. 선거에 패배했다고 해서 역사의 진보가 멈추는 게 아니라는 걸 그동안의 쓰라린 시간을 통해 배웠기 때문입니다.

재외국민 선거에 참여하며 해외에서 마음 보탰는데, 이렇게까지 근소한 차이로 결과가 나와서 하루 종일 너무 마음이 힘들었습니다. 그래도 꾹 참고 있었는데 대변인 브리핑을 보며 오열했네요. 많은 분들이 마음을 함께하고 있음을 알려드리고 싶어서 용기 내서 메시지 드립니다.

뉴스 읽어주는 사람

당선자 통화 후 다른 날과 마찬가지로 티타임이 진행되었다. 티타임은 매일 아침 대통령이 주재하고 실장과 수석비서관들이 참석해서 국정 전반에 대해 논의하는 청와대의 핵심회의체이다. 문 대통령은 오전에 외부행사가 있을 경우에는 청와대에 돌아와 오후에 어김없이 티타임을 가졌다. 티타임 자료는 짧게는 당일 새벽부터, 길게는 몇 주 몇 달 전부터 체계적인 준비 과정을 거친다. 티타임에 앞서 논의 사항을 점검하는 비서실장 주재 일일상황회의가 열리고, 그전에는 정책실 회의, 그전에는 수석실 회의, 그에 앞서 비서관실 회의가 열린다.

이처럼 다단계의 회의를 거쳐 티타임이 9시 20분에 이루어지기 위해 청와대는 새벽부터 분주하게 돌아갈 수밖에 없다. 청와대의 근무 시간은 짧게 잡아도 오전 6시~오후 6시로, 주 52시간 정책을 내놓은 청와대의 아이러니가 아닐 수 없다. 지하철과 버스로 출근하기 어려운 새벽 6시, 청와대 연풍문 앞에 속속 도착하는 택시들로 긴 행렬이 이루어지는데 그 장면을 국민들이 보셨으면 하는 생각을 하곤 했다.

대변인의 중요한 역할 중의 하나는 매일 국내외의 뉴스를 한 페이지로 요약하는 것이다. 신문과 방송 뉴스뿐 아니라 외신과 온라인 커뮤니티의 반응까지 방대한 내용을 한 페이지로 압축해야 한다. 우선 대변인실에서는 주요 뉴스를 선정하고, 각 뉴스에 대해 매체별로 어떻게 제목을 뽑고 다루는지 비교하며 정리한다.

소통수석실 회의를 거치면서 해외언론 비서관실에서 정리한 외신, 디지털소통센터에서 정리한 온라인 커뮤니티 반응이 추가된다. 주요 뉴스는 국내 언론뿐 아니라 외신에서도 다루어지고, 온라인 커뮤니티에서도 화제가 되기 때문에, 하나의 뉴스가 국내외의 신문, 방송, 온라인에서 어떻게 다루어지는지 다층적으로 볼 수 있다. 언론 요약을 작성할 때 대통령의 심기 관리에 도움이 될 만한 달콤한 뉴스보다는 비판의 수위가 높은 불편한 기사들을 가감 없이 포함했다.

대변인은 티타임 때 5분 이내로 구두 언론보고를 한다. 대통령 앞에서 매일 '뉴스 읽어주는 사람' 역할을 하는 게 당시에는 큰 부담이었다. 좋은 뉴스를 전할 때는 목소리도 즐거워지지만, 사고 뉴스나 부당하게 청와대를 공격하는 뉴스를 전할 때면 마음도 목소리도 가라앉았다. 하지만 뉴스를 있는 그대로 객관화시켜 읽어내고자 노력했다.

문재인 정부 말기에는 1인당 국민소득, 수출액, 무역액 등의 경제지표가 역대 최고인 경우가 많았고, 소득불평등과 양극화를 나타내는

5분위 배율, 지니계수, 상대적 빈곤율 등의 분배지표가 모두 개선되었다. 그런 뉴스를 전할 때면 내 목소리 톤이 높아지고 생기가 돌았다. 대통령은 좋은 경제 뉴스에 대해 흐뭇한 표정으로 우리의 판단이 옳았다는 정도의 간단한 코멘트를 했다. 그에 반해 안타까운 뉴스에 대한 소회는 긴 편이었다.

2022년 1월 9일, 이한열 열사의 모친 배은심 여사의 별세 뉴스에 대해서는 전국민족민주유가족협의회(유가협)를 이끈 배은심 여사와의 인연을 언급하며 광주 조선대병원을 찾아 직접 조문하겠다고 말했다. 2022년 5월 7일 배우 강수연이 유명을 달리했다는 뉴스에 대해서는, 부산국제영화제를 살리기 위한 고인의 노력을 자세히 말씀하셨다. 대통령의 얼굴에는 어두움이 짙게 드리워 있었다.

03 대변인의
말의 무게

청와대 대변인으로 임명을 받았을 때, 국회에서 당대변인과 원내대변인을 한 적이 있어 대변인 역할에 어느 정도 사전 준비가 되어 있다고 스스로를 평가했다. 그러나 청와대 대변인은 여러 면에서 비교가 되지 않았다. 우선 국회의 경우 수석대변인 한 명에 당대변인과 원내대변인이 여러 명 있어 역할과 책임이 분산되지만 청와대는 한 명의 대변인이 오롯이 감당해야 한다. 천금의 무게를 지닌 대통령의 말을 전하는 대변인의 한마디가 갖는 무게감은 상당했다.

대변인은 공식브리핑뿐 아니라 기자와의 전화 통화 내용도 직접 인용으로 보도된다. 구체적인 언급이 어려운 사안에 대해 '청와대의 입장은 없다', '특별히 드릴 말씀이 없다'고 하면, 기사 제목이 '청와대는 입장이 없다는 입장'이라고 보도되니, 질문에 답할 때마다 식은땀이 났다. 말도 지우개로 지울 수 있었으면 하는 생각이 들었다.

따끈따끈한 뉴스

청와대 출입기자들은 대변인으로부터 정보를 얻어 참신한 기사를 쓰려고 하고, 대변인은 기자들과 지속적인 소통은 하되 예기치 못한 기사가 작성되는 빌미를 제공해서는 안 되는, 쌍방에게 있어 게임과 같았다. 기자 전화는 이른 아침부터 밤 늦게까지 수시로 쏟아진다. 청와대 기자들이 공유하는 브리핑 내용 외에 한 줄이라도 새로운 걸 보태기 위해 전화취재를 하는 것이다. 대변인 입장에서 곤혹스러운 건 특정 언론에서 단독 기사를 냈을 때다. 단독 기사가 뜨자마자 진위 여부를 확인하는 전화가 빗발친다. 몇 가지 정보의 편린을 맞추어 상상력을 보탠 기사는 "소설입니다."라고 부정을 하면 되지만, 사실에 근접한 경우는 긍정도 부정도 아닌 NCND^{neither confirm nor deny}로 두리뭉실하게 대응해야 하는데 그게 쉽지 않았다.

화자話者의 입을 떠난 말과 필자筆者의 손을 떠난 문장이 어떻게 변질되고 곡해되는지 항시 예의주시해야 하지만 대변인의 경우는 더욱 그러했다. 언론이 어떻게 해석해서 기사화할지 마음 졸여야 하는 게 대변인의 숙명이었다. 대변인 직을 수행한 13개월 동안 다행히 큰 설화舌禍는 없었지만, 백브리핑에서 일어난 해프닝을 소개하고자 한다.

2021년 6월, 북한과 미국은 기 싸움을 이어가고 있었다. 김정은 국무위원장은 한미워킹그룹 폐지와 관련해 "대화와 대결에 모두 준비돼 있다."고 발언했고, 제이크 설리번 국가안보보좌관은 이 발언을 "흥미로운 신호"라고 평가했다. 이에 대해 김여정 부부장은 조선중앙통신을 통해 "꿈보다 해몽이라는 말이 있다."며 "미국은 아마도 스스로를 위안하는 쪽으로 해몽을 하고 있는 것 같다."고 말했다. 이 발언이 이루어진 날, 온브리핑을 하러 춘추관으로 걸어가다가 속보로 올라온 '꿈보다 해몽' 기사를 읽었다. 아니나 다를까 백브리핑의 첫 질문이 그 내용이었다. "김여정 부부장의 '꿈보다 해몽' 발언에 대한 청와대의 입장은 무엇입니까?"

아직 청와대 입장은 없다고 답하려고 했는데, 그에 앞서 나온 말은 "따끈따끈한 뉴스지요."였다. 방금 들은 뉴스라는 의미였지만, 말을 하는 순간 왜 사족을 붙였을까 후회했다. 하지만 이미 내 입을 떠난 말은 되돌릴 수 없었다. 아니나 다를까 그날 저녁 종편 뉴스의 한 코너에서 '김여정의 발언에 대해 '따끈따끈'하다는 청와대 대변인'이라며, 경솔한 단어 선택에 대해 비판했다.

일상적인 대화였다면 방금 접한 소식을 '따끈따끈'이라 해도 문제될 게 없지만, 엄중한 이슈를 다루는 공적 자리에서 '따끈따끈'은 적절한 표현이 아니었던 것이다. 그 이후에는 더욱 단어 선택에 신중을 기하게 되었다.

긴박했던 어느 하루

2021년 9월 15일은 외교·안보·국방 분야가 매우 긴박하게 돌아간 날이었다. 오전에 중국 왕이 외교부장의 예방이 있었는데, 예상보다 대화가 길어지며 11시 45분이 되어서야 끝났다. 대통령의 국방 일정으로 12시 50분에 출발해야 하니, 청와대 본관에서 여민관까지 뛰어가서 부지런히 브리핑을 작성해 넘기고 겨우 헬기에 탔다. 헬기에 타자마자 북한이 탄도미사일을 발사했다는 속보가 전해졌다. 사흘 전 순항미사일 발사는 그래도 유엔안보리 위반은 아니었는데 사태가 심각해진 것이다.

일단 대통령이 안보실장으로부터 관련 상황을 보고 받았기 때문에 그렇다는 사실과 추후에 입장을 내겠다는 문자를 기자들에게 보냈다. 그래도 전화가 빗발쳤다. 헬기에서도 어느 정도 높이까지는 통화가 가능해서, 뜨고 있는 헬기에서 마지막 순간까지 기자들과 통화를 했다.

국방과학연구소 태안시험장에 도착하니, 늦여름 햇살에 영롱하게 반짝이는 쪽빛 바다가 펼쳐져 있었다. SLBM을 비롯한 네 가지 미사일 전력 시험 발사를 참관하는 장소는 천장이 높고 통유리로 바다를 면한 곳이었다. 비현실적이라고 할 만큼 아름다운 바다와 남한의 발사 시험, 북한의 미사일 도발이라는 냉혹한 현실 사이에서 부조리함이 느껴졌다.

네 가지 시험은 모두 성공적이었고, 대통령은 마무리 발언에서 "북한의 도발에 대한 확실한 억지력"이라는 단호한 표현을 사용했다. 사실 '도발'과 '억지력'이라는 강한 단어가 마음에 걸렸지만 그대로 브리핑에 담았다. 브리핑 후 북한은 김여정 부부장의 담화를 통해 바로 반응을 냈는데, 예상대로 '도발'에 비난의 방점이 찍혀 있었다. '도발'이라는 단어가 가져온 파장에 마음이 어두웠지만 대통령의 발언을 정확하게 전하는 건 대변인의 임무이니 어쩔 수 없었다.

대변인의 브리핑이 중요하지 않은 때는 없지만, 국가 안보·통일·외교와 관련된 최고 의결기구인 NSC(National Security Council, 국가안전보장회의) 사안에서는 민감도가 더욱 높아진다. 한국과 미국의 NSC 의장은 대통령으로, 미국은 백악관 대변인과 NSC 대변인이 따로 있지만, 한국은 청와대 대변인이 NSC 브리핑을 겸한다. 우리도 한 때는 NSC 대변인을 별도로 두는 것을 고려했다고 한다. 외교는 상대국이 있는 터라 극도로 조심스럽고, 안보·국방·통일 분야는 한 글자만 달라져도 사뭇 다르게 받아들여지기에 특화된 대변인이 필요한 것이다.

북한 김정은 위원장의 연설, 미국 대통령·중국 주석·일본 총리의 발언 등에 대한 청와대 입장은 고도의 신중함을 요구한다. 또한 북한이 탄도미사일, 순항미사일, 방사포 등을 쏘았을 때 제원 분석 전에 일차적으로 어느 수위에서 브리핑을 할지, 제원 분석 후에는 어떤 반응을 내야 할지는 국방에 대한 고도의 전문성과 정무적 판단이 필요한 영역이다. 이런 주제에 대해 브리핑 할 때에는 더욱 긴장이 되었다.

개식용 금지 관련 신중한 브리핑

문재인 대통령은 불가피한 경우를 제외하고는 국무총리와 매주 월요일 주례회동을 했다. 주례회동은 대통령과 총리가 이끄는 내각이 국정 전반에 대해 소통과 협의를 하는 장으로, 그 횟수는 148회, 다루어진 안건은 1,449건에 이른다.

2021년 9월 27일 문 대통령은 주례회동에서 유기 반려동물 관리체계 개선에 대한 보고를 받았다. 그 다음 날에는 동물을 물건으로 보지 않고 동물에 법적 지위를 부여하는 민법 개정안의 국무회의 심의가 예정되어 있었다. 이처럼 반려동물 관련 입법이 이루어지고 있어서인지 대통령은 개식용 문제를 제기했다. 대변인 브리핑에 담은 대통령의 워딩은 "이제는 개식용 금지를 신중하게 검토할 때가 되지 않았는가."였다.

개식용 금지는 광범위한 공감을 얻고 있지만 여전히 논쟁적인 사안이다. 추진에 앞서 이를 생업으로 하는 분들에 대한 공정한 전환과 같은 제도적 장치가 선행되어야 하기 때문에, 대통령은 검토할 때가 되지 않았는가 라며 조심스럽게 접근한 것이다. 대통령은 오랜 시간을 함께 했던 마루, 김정은 위원장의 선물인 곰이와 송강이, 유기견 토리, 유기묘 찡찡이를 키우는 동물애호가로 오래전부터 소신을 가져왔지만, 정책으로서의 개식용 금지는 다른 차원의 문제이기 때문에 진중하게 언급한 것이다.

이후 국무총리 주재로 국정현안점검조정회의를 열고 6개의 부처가 참여해서 개식용 종식 추진 방향을 논의했고, '개식용 문제 논의를 위한 위원회'가 구성되었다. 문재인 정부에서는 폭넓게 의견을 청취하고 체계적으로 개식용 종식 문제에 접근한 것이다.

그에 반해 윤석열 정부에서는 선출되지 않은 권력이 정책을 주도하고 있다. 김건희 여사는 2023년 4월 동물보호단체 관계자들과 만나 개식용을 임기 내에 종식하도록 노력하겠다고 약속했고, 8월에는 개식용 종식을 위한 국민행동 회견장에 등장했다. 국민의힘은 개식용 금지에 대한 법을 '김건희 법'이라고 명명까지 하고 있다. 개식용 금지와 관련해 주례회동에서 이루어진 대통령의 발언을 조심스레 소개했던 문재인 정부와 대통령 배우자의 발언을 통해서 던져지는 윤석열 정부의 차이를 확인할 수 있는 대목이다.

윤 대통령의 영어 사대주의

문재인 대통령은 공식 발언에서 한국어로 대체가능한데 영어를 사용한 예를 찾아볼 수 없다. 임기 5년 동안의 공식 발언문을 조사해보니 알파벳이 등장하는 건 국제행사와 단체명, 외국인 성명과 도시 등의 고유명사 이외에 MOU^{양해각서}, ODA^{공적개발원조}, ESG^{환경, 사회 지배구조}, NDC^{국가} ^{온실가스 감축목표}, EDCF^{대외경제협력기금} 등이다. 이런 영어 약어는 상용화되어 있어 국민들이 받아들이기에 큰 무리가 없다. 나 역시 청와대 대변인으로 브리핑을 할 때 쉽게 의미 전달이 될 수 있도록 평이한 표현과 단순한 문장을 사용했다. 현학적으로 들리거나 멋있어 보이는 문장에 대한 유혹이 없지는 않았지만, 간결명료한 브리핑이라는 원칙을 명심했고 영어 표현은 자제했다.

그에 반해 윤석열 정부의 영어 사용은 유별나다. 윤 대통령은 "영어로 내셔널 메모리얼 파크^{national memorial park}라고 하면 멋있는데 국립추모공원이라고 하면 멋이 없다."는 말을 통해 일찍이 영어 사대주의를 드러낸 바 있다. 그 외에도 '크라우드 매니지먼트^{crowd management}', '어그레시브^{aggressive}', '체인지 씽킹^{change thinking}', '거버먼트 어토니^{government} ^{attorney}' 등 과도한 영어 표현을 어렵지 않게 찾을 수 있다. 영어 남발의 정점은 국민경제자문회의에서 한 "거버먼트 인게이지먼트^{government} ^{engagement}가 바로 레귤레이션^{regulation}"일 것이다.

대통령실은 2023년 세계잼버리 대회 때 참가자들의 안전 확보를 위한 '컨틴전시 플랜^{contingency plan}'점검에 들어갔다는 브리핑을 했다. 긴급 대체 플랜, 비상계획이라 해도 되는데 굳이 '컨틴전시 플랜'이라고 한 것이다. 한덕수 국무총리 역시 기자 간담회 발언 "디지털digital 트랜스포메이션 커넥티드transformation connected와 연계해서 인클루시브inclusive 하게 방향을 터닝turning 하고 있어서 시리어스serious 한 논의도 별로 못했어요. 지금까지 어프로치approach가 저는 좀 마일드mild한 것 같아요."에서 보듯 과하게 영어를 사용한다. 대통령실과 총리의 이런 경향은 대통령으로부터 전염된 듯하다. 수많은 외국인들이 BTS와 블랙핑크의 노래를 이해하기 위해 한국어를 배우는 마당에, 막상 윤석열 대통령은 한국어에 대한 열등의식을 가진 듯하다.

전직 대통령 관련 브리핑

2021년 10월 27일 노태우 전 대통령이 유명을 달리했다. 노태우 전 대통령에 대해 '서거'와 '별세' 사이에서 고민을 하다가 대안을 찾은 것이 '추모 관련 브리핑'이다. 공과를 표현하는 문장에서도 고심이 컸다. 우리말에서 아 다르고 어 다르다고, 네 문장의 뉘앙스는 사뭇 다르다.

… 과오가 적지 않지만 … 성과가 있었다.
… 과오가 적지 않지만 … 성과도 있었다.
… 과오도 적지 않지만 … 성과가 있었다.
… 과오도 적지 않지만 … 성과도 있었다.

이 중에서 '과오가 적지 않지만 성과도 있었다'로 정했다.

정치비타민

〈노태우 전 대통령 추모 관련 대변인 브리핑〉

문재인 대통령은 27일 오전 "노태우 전 대통령이 5·18 민주화운동 강제진압과 12·12 군사쿠데타 등 역사적 과오가 적지 않지만, 88 올림픽의 성공적 개최와 북방정책 추진, 남북기본합의서 채택 등 성과도 있었다."며, 고인의 명복을 빌고 유가족들에게 위로의 말씀을 전했습니다.

한 달이 채 지나지 않은 11월 23일 또 다른 부고가 날아들었다. 이번에는 '전두환 전 대통령'과 '전두환 씨' 사이의 고민이었다. 개인적으로는 '전두환 씨'라는 표현도 아깝다 생각했지만, 청와대의 품격을 위해 어쩔 수 없이 '전두환 전 대통령'으로 했다. 하지만 이 호칭으로 인해 실망했다는 국민들의 항의를 감수해야 했다. 브리핑의 제목을 '추모 관련'이라고 할 수는 없어 '사망 관련'으로 하고, 브리핑의 첫 문장도 '문재인 대통령은'의 주어를 명시하지 않은 채 위로의 문장을 적었다.

〈전두환 전 대통령 사망 관련 대변인 브리핑〉

전두환 전 대통령의 명복을 빌고 유가족들에게 위로의 말씀을 드립니다. 끝내 역사의 진실을 밝히지 않고, 진정성 있는 사과가 없었던 점에 대해서 유감을 표합니다. 청와대 차원의 조화와 조문 계획은 없습니다.

브리핑을 작성하면서 단어와 조사 사용, 한 음절이 갖는 차이까지 깊이 생각하며 대변인의 무게를 느꼈다.

2장

문재인 대통령

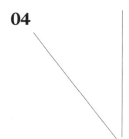

04 대통령의
시민여상 視民如傷

문재인 대통령은 신문과 방송 뉴스를 꼼꼼히 챙겨 보기 때문에 티타임 때 언론보고에 포함되지 않은 기사를 먼저 언급하기도 했다. 복지 사각지대에서 발생한 딱한 사연의 기사를 콕 짚어내서 말씀하실 때면, 평생 인권변호사로 살아온 사람의 따뜻한 심성이 그대로 묻어났다.

문 대통령은 인권변호사로 다수 사건을 수임한 산업재해에 대해 특별히 관심이 많았다. 대통령은 고용노동부 산업안전보건본부를 신설하고 산업안전감독관을 증원하고 산재예방 예산을 증액하는 등 노력은 했지만, 산재 사고 사망을 절반으로 줄이겠다는 공약을 지키지 못한 점을 뼈아프게 생각했다. 특히 끼임, 추락과 같은 후진국형 산재 사고가 발생할 때마다 깊은 안타까움과 함께 강한 질책과 특단의 대책을 주문했다. 아울러 노동 존중 사회는 노동자가 안전하게 일할 권리를 보호하는 데서 시작된다는 점을 명심해달라고 당부했다.

창녕 아동 학대 사건

2020년 5월 말 창녕 아동 학대 사건이 일어났다. 친부모에게 고문에 가까운 학대를 받은 9세 아동이 목숨을 걸고 옆집 베란다를 통해 탈출한 뒤 맨발로 1km가 넘는 산길을 걸어서 구조된 사건이었다. 문 대통령은 아동 학대 사건이 일어날 때마다 재발 방지 대책을 세우며 각별한 관심을 가졌는데 유사 사건이 또 발생한 것이다. 대통령은 직접 가서 아이를 보듬어주고 싶지만 일정을 잡는 게 여의치 않다면서 대신 나와 여성가족비서관을 현지에 보냈다. 경상남도의 한 아동복지전문기관에서 피해 아동을 만나보니 쇠사슬에 매어 생긴 목의 상처, 프라이팬에 데어서 생긴 손의 상처, 온몸의 피멍 외상이 남아 있었는데, 마음의 상처는 가늠할 수 없을 만큼 컸으리라 짐작되었다.

아이를 만나 대통령의 격려 메시지와 준비해간 펭수 인형, 동화책 《빨간 머리 앤》을 전달했는데, 아이는 인형을 끌어안고 연신 '펭하(펭수의 인사)'를 외치며 시종 발랄한 모습이었다. 아이는 패션 디자이너가 꿈이라며, 샤넬과 같은 디자이너가 되어 대통령 할아버지의 옷을 만들어드리겠다는 포부를 밝히기도 했다.

청와대로 복귀하자 대통령은 아이의 상태가 어떠했는지, 어떤 대화를 나누었는지 궁금해했다. 대통령은 아동학대 방지 대책을 수립하는 것뿐 아니라 작동이 잘 되도록 촘촘히 정비하라고 지시했다. 이에 보건복지부·여성가족부·교육부·법무부가 서로 정보를 공유하면서 e-아동행복지원시스템을 통해 연계하며 대처하도록 제도를 개선했다. 그로부터 두 달이 지난 8월 말, 대통령이 사회수석실 비서관들과 오찬을 하는 자리였다.

"창녕 그 아이가 이제는 위탁부모에게 맡겨졌는가요, 아니면 계속
시설에 머무는가요? 또 얼마나 회복이 되었는지, 근황이 어떤가요?"

누군가 그 사건을 상기시킨 게 아니라 대통령이 계속 마음에 두고
있다가 질문을 한 것이다. 나는 아이의 상황을 초반에는 점검했지만 지
속적으로 챙기지 못한 것이 부끄러웠다.

맹자의 《이루》 하편과 정약용의 《목민심서》에는 시민여상視民如傷,
백성을 볼 때 상처를 보듯이 한다는 구절이 나온다. 정치를 할 때는 자
기 몸에 난 상처를 돌보는 것과 같은 절실한 마음으로 해야 한다는 의
미이다. 산업재해 사고나 아동 학대 사건에 대해 애달파 하는 대통령의
애민愛民 정신을 보며 '시민여상'을 떠올렸다.

홍범도 장군의 유해 봉환

2021년 광복절, 홍범도 장군의 유해가 카자흐스탄으로부터 봉환되
었다. 유해를 실은 비행기가 방공식별구역KADIZ에 들어서자 우리 공군
전투기 6종이 엄호 비행을 했는데, "장군의 귀환을 이렇게 맞아주는 게
바로 국가다"라는 보훈처장의 말처럼, 국민이 자부심을 느낄 수 있는
명장면이었다. 어둠이 깔린 서울 공항, 독립운동가들이 불렀던 올드랭
사인 애국가가 울려 퍼지는 가운데 유해가 비행기에서 내려졌고 이를
맞이하는 문 대통령의 눈가는 촉촉하게 젖어 있었다. 이틀간 국민 추모

기간을 거친 후 8월 18일 대전 현충원에서 유해 안장식이 거행되었다. 단상에 선 대통령은 목이 메어 잠시 침묵의 시간을 가진 후 추념사를 시작했다. 나중에 대통령께 그 순간의 감정을 물어보았다.

> "조국의 광복을 그리 갈망하다가 이역만리에서 마침내 돌아온 홍
> 범도 장군을 생각하니 목이 메이지 않을 수 없었습니다."

유해 안장식에서 발사된 예포 21발도 홍범도 장군에 대한 국가적인 예우지만, 최고의 예우는 국가 수반의 이런 절절한 마음일 것이다.

하지만 정권 교체 후 일어나고 있는 일련의 일들은 홍범도 장군을 어렵게 모셔온 그간의 노력을 무색하게 한다. 윤석열 정부는 이념전쟁

홍범도 장군 유해 봉환식 (출처: 연합뉴스)

에 몰두해 독립군·광복군이 우리 국군의 뿌리라는 헌법 정신을 부정하고, 홍범도 장군의 소련 공산당 가입을 이유로 육군사관학교에 설치된 흉상을 철거하겠다고 나섰다. 78년 만에 고국에 돌아온 홍범도 장군이 편히 잠들지 못하고 계시니 면목이 없고 송구할 따름이다.

소방관 합동 영결식

2022년 1월 8일 문 대통령은 평택 물류창고 화재로 순직한 소방관 합동 영결식에 참석했다. 영결식에서 대통령은 가장 마지막에 헌화와 분향을 한 후 유족 한 분 한 분과 손을 맞잡으며 위로의 마음을 전했고, 운구 차량이 출발할 때까지 기다리다 배웅했다. 문재인 대통령다운 행보였다. 소방직의 국가직화 등 소방직 공무원에 대해 각별한 고마움을 가지고 있던 대통령은 안타깝게 떠난 소방관에게 마지막 인사를 꼭 하고 싶었던 것이다. 대통령이 영결식 중간에 여러 번 눈물을 훔쳤고, 영결식 참석을 유가족에게 알리지 않았고, 영결식장에 두 시간 가까이 머물렀음을 브리핑에 담고 싶었지만 최대한 드라이하게 작성했다.

브리핑에서 감정을 배제하고 객관적으로만 기술한 또 다른 예가 2021년 12월 3일 기부·나눔단체 간담회이다. 남한산성 김밥할머니로 알려진 박춘자 할머니는 전 재산을 기부하고 장애인을 돌보며 사는데, 소감을 밝힐 때 가난했던 어린 시절을 절절하게 회상했다. 애절한 사연에 대통령 내외는 눈물을 지었지만 브리핑에는 '숙연해졌다'고만 기술했다.

대변인을 끝내며 회한으로 남은 것은 문재인 대통령다운 장면을 무미건조하게 사실적으로만 브리핑했다는 점이다. 우호적이지 않은 언론

소방관 합동 영결식에서 분향하는 문재인 대통령 (출처: 연합뉴스)

환경이라 오버한다, 감성팔이 한다는 비판을 우려해 미리 자기검열을
한 것이다. 그런데 돌이켜보면, 비판할 언론은 어차피 비판할 테니 미
리 덜어내지 말고 대통령의 인간적인 면모를 고스란히 전달하는 게 낫
지 않았을까 하는 아쉬움이 남는다.

디테일에 강한 대통령

청와대에서 일하게 되었을 때 청와대에서 가장 디테일에 강한 분이
대통령이라는 이야기를 들었다. 행정부 수반으로 대내외의 굵직한 사
안을 다루어야 하는 대통령이 과연 디테일까지 꼼꼼하게 챙길 수 있을
까 하는 의문이 들었지만, 대통령을 모시면서 그 말에 십분 공감하게
되었다.

한 예로 문 대통령은 2021년 7월 20일 "코로나19로 인한 어려움으로 연체가 발생했으나 성실하게 상환한 분들에 대해 신용회복을 지원할 수 있는 방안을 마련해주기 바란다."고 지시했다. 이는 부처에서 올린 제안이 아니라 대통령이 코로나로 서민들이 겪는 어려움을 두루 살피다가 생각하게 된, 전적으로 대통령의 아이디어였다. 이후 준비 과정을 거쳐 코로나로 인한 연체자 200여만 명이 신용사면을 받게 되었다. 대통령은 코로나로 학교뿐 아니라 지역아동센터까지 문을 닫게 되자, 여기서 끼니를 해결하던 학생들이 결식아동이 되지 않을지 걱정하며 지원 방안을 주문했다. 코로나로 전 세계가 미증유의 길을 가고 있을 때, 방역과 사회적 거리두기에서 세계적 표준을 제시했을 뿐 아니라 코로나가 사회적 약자에게 파생시키는 세세한 문제까지 짚어간 게 대통령이었다.

문 대통령은 5년의 재임 기간 중 3년은 휴가를 가지 못했다. 2019년에는 일본의 수출규제 문제로 휴가를 취소했고, 2020년에는 업무를 마친 금요일 밤 양산으로 내려갔지만 집중호우 사태가 심각해지자 급히 청와대로 복귀했다. 2021년에는 코로나 확진자가 급증하며 또다시 여름휴가를 반납했다. 대통령은 자신이 휴가를 가야 참모들이 마음 편히 휴가를 떠날 수 있다는 사실을 잘 알고 있었지만 국가적인 위기 상황에 대통령도 참모들도 휴가를 먼 훗날로 유예했다.

이런 태도는 복합위기 속에서도 넉넉한 휴가를 떠나는 윤석열 대통령과 극적인 대조를 이룬다. 2022년에는 휴가를 내고 연극을 관람한 뒤 배우들과 뒤풀이하면서도 당시 방한한 미국 낸시 펠로시 하원의

장을 접견하지 않아, 인플레이션 감축법^{IRA}을 챙길 수 있는 절호의 기회를 놓쳤다는 비판을 받았다. 2023년에는 오송 지하차도 참사로 십수 명이 희생되었는데도 유족들을 만나 위로하기는커녕 부산 자갈치 시장에서 파안대소하며 붕장어를 잡더니 무려 6박 7일 휴가를 떠났다. 문재인 정부에서는 상상조차 할 수 없는 일들이다.

일요일 저녁, 네 시간의 기다림

2021년 7월 18일 일요일 저녁, 문재인 대통령은 장애를 극복하고 히말라야 14좌 완등에 나선 산악인 김홍빈 대장의 전화를 기다렸다. 1991년 등반 사고로 열 손가락을 잃은 김홍빈 대장은 브로드피크에 도전함으로써 히말라야의 8천m 이상 14개 봉우리에 모두 오르는 대기록의 수립을 앞두고 있었다. 기상 악화로 다른 대원들은 베이스캠프로 돌아갔지만, 김 대장은 불굴의 의지로 고군분투하며 혼자 정상을 향하는 중이었다.

대통령과 통화할 경우 대부분은 미리 연결을 해놓지만, 김 대장의 경우는 산소 부족과 극한의 추위, 초고속의 강풍과 눈보라와 사투를 벌이고 있기 때문에 정상에 도착하면 전화를 걸기로 했다. 통화가 이루어지리라 예상한 시간이 오후 5시였고 대통령은 저녁도 거른 채 기다렸다.

전화를 기다리는 동안 의전비서관은 2012년 대선 패배 후 문 대통령과 히말라야를 등반했던 이야기를 꺼냈다. 첨단 소재의 등산 장비로 무장한 등반대와 달리 안내를 맡은 현지 쉐르파와 포터는 평상복에 일반 운동화를 신었고 무거운 짐을 지고도 날아다니듯 가볍게 움직였다는 경험담을 나누었다. 대통령은 지리산 노고단 코스, 한라산 영실 코스로 등반하던 이야기를 풀어놓았는데 식물 이야기할 때와 마찬가지로 밝고 유쾌한 표정이었다.

대통령은 퇴임 후 평산마을을 선택한 이유 중의 하나가 영남 알프스 때문이라고 했다. 영남 알프스는 해발 1,000m 이상이면서 수려한 산세와 풍광을 지닌 아홉 개의 산이 유럽의 알프스에 견줄 만하다고 붙여진 이름이라고 소개했다. 이런 대화를 나누다 보니 시간은 밤 9시를 넘어섰고, 결국 통화를 하지 못한 채 아쉽게 철수했다.

다음 날 김홍빈 대장이 정상 등반에 성공했다는 뉴스가 날아들었다. 대통령은 축하 SNS를 띄웠다.

> "… 어떻게 피켈을 잡고, 로프를 붙잡을 수 있었는지 궁금하지만,
> 장애를 이겨낸 성취여서 더욱 빛납니다. … 우리 국민들도 브로드
> 피크 원정대처럼 서로 믿고 의지하며 코로나를 극복할 것입니다."

장애인 세계 최초로 히말라야 14좌 완등에 성공했다는 낭보는 얼마 지나지 않아 하산길 사고로 히말라야에 영면했다는 비보로 바뀌었다. 김 대장에게 축하 전화를 하기 위해 저녁도 거른 채 기다리고 기다렸던 대통령의 진심, 정상에서 대통령과 통화를 간절히 원했던 김 대장이 히말라야의 품에서 영원한 휴식에 들어간 안타까운 상황, 비보에 한없이 애달파 하던 대통령의 모습이 잔잔하게 기억되어 있다.

윤석열 정권이 들어서자 정부는 고 김홍빈 대장에 대한 수색과 구조 비용을 광주시 산악연맹에 청구하고 소송까지 걸었다. 김 대장은 등반에 성공하며 코로나로 지친 국민들에게 힘이 됐으면 한다는 메시지를 남겼는데, 이를 통해 국민들에게 선사한 위로는 돈으로 환산되지 않을 것이다. 특히 고인은 평소 유해를 찾기 위한 수색으로 2차 사고가 날 수 있다는 점을 우려했기에 이 유지를 받들어 수색 활동을 며칠 만에 종료하고 유해 없이 장례를 치렀다. 야박하기 이를 데 없는 정부다.

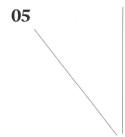

05 　　　　청와대의
　　　　　　　건강한 토론

　　　　　　　　　　　문재인 정부 시절, 청와대 뉴스에 자주 비춰
지는 장면이 수석·보좌관 회의 혹은 국무회의에서 대통령이 모두발언
하는 모습이다. 이를 보고 대통령이 준비된 원고를 수동적으로 읽는 것
으로 오해하는 경우가 있는데 실제는 전혀 그렇지 않다. 일단 초고는
대통령의 생각을 반영해 참모들이 작성하지만, 대통령이 상당 부분 내
용 수정을 하고 세세한 표현까지도 고쳐서 대통령의 생각이 오롯이 담
긴 원고가 완성된다. 그런 과정을 거치기에 대통령은 원고의 내용을 외
워서 말할 수 있는 정도이지만, 혹여라도 원고 없이 발언하다가 단어나
조사 하나에서라도 문제가 생길 수 있기 때문에 원고를 따라가는 것
이다.

　　문 대통령은 노무현 대통령의 사례를 반면교사로 삼아서 가능하면
준비된 원고의 범위 내에서 발언한다는 말씀을 한 적이 있다. 문 대통
령은 참여정부 시절 대통령 비서실장, 시민사회수석, 민정수석으로 다

양한 행사에 함께했는데, 현장 분위기가 좋아지면 역설적으로 불안했다고 한다. 분위기가 고양되면 노 대통령이 원고에 없는 즉석 발언을 하게 되고, 전체 맥락에서 보면 전혀 문제될 것이 없지만 언론이 한두 문장을 선택해 앞뒤 맥락을 제거하고 악의적 프레임을 씌워 보도하면 문제성 발언으로 둔갑하기 때문이다. 언론이 맥락^{context}을 애써 무시하고 의도적으로 문장^{text}에만 천착하는 행태는 예나 지금이나 변함이 없다.

문 대통령의 발언은 카메라가 빠진 후 이루어지는 원고 없는 비공개 발언에서 더 빛나고, 달변가의 면모를 보인 적이 많다. 청와대의 회의 중 대통령의 유창한 언변과 열띤 토론이라는 측면에서 기억에 남는 것은 2021년 9월 탄소중립 관련 관계부처 보고회의였다. 회의에는 경제부총리, 환경부·산업부·국토부·과기정통부·외교부 장관, 대통령 비서실장, 국가안보실장, 정책실장 등이 참석했다.

수석·보좌관 회의에서 모두 발언하는 문재인 대통령　　　　(출처: 연합뉴스)

탄소중립 난상토론

탄소중립은 이산화탄소를 배출한 만큼 이산화탄소를 흡수해서 실질적인 배출량을 0으로 만드는 것이다. 탄소중립은 이념적인 선택이 아니라, 지속가능한 지구를 위해 반드시 가야만 할 길이다. 환경론자가 아니더라도 폭염과 폭우, 한파와 폭설, 태풍과 산불 등 지구를 옥죄어 오는 이상기후 현상을 겪고 있기에 기후파국을 막으려면 탄소중립이 필요하다는 데 누구나 공감하게 된다.

문재인 정부는 2020년 10월 2050 탄소중립 선언, 12월 탄소중립 비전을 선포했고, 2021년 8월 국회는 「탄소중립 기본법」을 전 세계에서 14번째로 통과시켰다. 이 법은 2030년 NDC(국가온실가스 감축목표)를 2018년 대비 35% 이상으로 명시했다. 문 대통령은 2021년 11월 COP26(제26차 유엔기후변화 당사국총회)에서 NDC를 상향해서 발표하기로 했고, 이를 위해 회의를 주재한 것이다.

회의 참석자들은 탄소중립에 대한 각 부처의 진솔한 입장을 선명하게 밝혔다. 부처들은 크게 두 진영으로 갈렸는데, 기재부, 산업부, 국토부 등의 경제부처는 NDC 상향에 대해 우려를 표했고, 환경부와 외교부는 NDC를 40%로 올리자는 의견을 냈다.

부처 간 불꽃 튀는 토론과 대통령의 중재

경제부처 장관들은 2018년의 탄소배출량을 정점인 100으로 놓고 탄소중립을 달성하는 2050년을 0으로 놓은 후 두 점을 직선으로 연결했을 때 2030년에 해당하는 값이 37.5가 되는데, 탄소배출을 37.5%

줄이는 것도 벅차다고 평가했다. 탄소 배출량이 많은 철강, 자동차, 반도체와 같은 산업은 대부분 수출기업이라는 점에 주목하면서 복합위기 속에 우리 경제를 유지하는 것은 수출의 힘인데, NDC를 더 높일 경우 기업의 어려움이 가중되면서 경제계가 크게 반발하기 때문에 37.5%가 최대치라고 주장했다.

환경부와 외교부는 우리나라의 높아진 위상을 고려할 때 국제사회의 책임있는 일원으로 역할을 다하기 위해서 NDC를 상향할 필요가 있다고 주장했다. 상당수 국가들의 NDC가 40%인데 우리가 30%대에 머무르면 기후악당국으로 낙인찍혀 탄소국경조정세를 과다하게 부과 당할 수 있고, 기업에 더 큰 부담으로 돌아오기에 선제적으로 NDC를 높이는 것이 현명하다고 보았다. 또한 NDC를 정하면 반드시 준수해야 하지만 만에 하나 지키지 못하는 경우가 발생해도 국제적인 징계를 받는 것도 아니고, 다른 국가들도 야심적인 목표를 제시한 만큼 우리도 40%는 되어야 한다고 설득했다.

두 진영의 불꽃 튀는 토론 과정에서 대통령은 유능한 중재자 역할을 했다.

"우리는 2018년을 탄소배출 정점으로 놓는데 반해 EU, 미국, 일본 등은 훨씬 이전 시점을 기준으로 하기 때문에 우리의 온실가스 감축의 속도가 다른 국가보다 급격할 수밖에 없습니다. 하지만 태양광, 풍력 등 신재생에너지와 수소에너지의 비중을 높이게 되면 탄소중립을 이뤄가는 데 도움이 됩니다."

"NDC 40%라는 도전적인 목표가 기업의 어려움을 가져온다는 점은 충분히 공감합니다. 하지만 미리 대응하지 않으면 당장은 편해도 탄소국경조정세와 같은 무역장벽에 부딪히고, 기후위기 대응에 소극적인 기업은 투자를 받지 못하게 되어 더 큰 후과로 돌아올 수 있습니다."

대통령은 탄소배출 감축 기술을 위한 R&D를 최대한 지원하고 정부와 공공부문이 선도적으로 감축 노력을 해달라고 당부했다. 아울러 탄소배출을 줄이기 위한 철강 공정의 수소환원제철 방식, 탄소 포집·활용·저장CCUS 등 구체적인 그린뉴딜 기술을 예시했다.

역동적이고 생산적인 토론의 장이었다. 이런 생생한 토론 장면을 그대로 송출해 국민들과 공유하고 싶었다. 토론의 내용이 미래세대와 직결되고 토론 방식의 정석을 보여주니 학교 토론 수업에서 모범 사례로 활용하면 좋겠다는 생각이 들었다.

문재인 정부에서는 국가의 주요 정책에 대해 장관들이 대통령 앞에서 다양한 의견을 개진하고 백가쟁명식 토론을 벌였는데, 윤석열 정부에서는 대통령의 발언으로 회의 시간 대부분이 채워진 채 이견은 거의 표출되지 못하는 것으로 알려져 있다. 뿐만 아니라 윤석열 정부는 2023년 3월 온실가스 감축목표는 유지하지만 부문별 감축목표는 수정해서 산업 부분의 탄소배출 감축 비율을 줄이고 신재생에너지 비중을 약화시키는 등 탄소중립에서 후퇴하는 양상이어서 여러모로 유감이다.

연평균 감축률 4.17% vs. 감축량 3.33%

2021년 9월 생산적인 토론을 벌인 NDC는 10월 탄소중립위원회를 통해 40%로 확정되었다. 2030년까지 EU는 1990년 대비 55%, 미국은 2005년 대비 50~52%, 일본은 2013년 대비 46% 감축하기로 했으니, 우리의 NDC가 높은 것도 아니었다. 하지만 언론에서는 2030년까지 NDC 40%를 달성하기 위해서는 연평균 감축률이 4.17%나 되어야 한다는 점에 주목하고 우려의 기사를 쏟아냈다. 그런데 국제적으로 통용되는 '연평균 감축률'뿐 아니라 '연평균 감축량'으로 접근할 수도 있다는 점을 티타임에서 대통령에게 설명했다.

탄소배출을 2018년 정점 100%로 놓고, 2030까지 12년 동안 40%를 줄인다고 할 때 두 가지 설명이 가능하다. 첫째는 연평균 감축률로 접근하는 것으로, 이자의 복리와 유사하다. 12년 후에는 40%가 줄어 60%가 되어야 하므로, 감축률을 x라고 하면 $(1-x)^{12} = 0.6$, $1-x = 0.6^{\frac{1}{12}} = 0.9583$, $x = 0.0417$, 즉 4.17%가 된다. 둘째는 연평균 감축량으로 접근하는 것으로, 이자로 따지면 단리에 해당한다. 12년에 걸쳐 40%를 줄이려면 40%/12년 = 3.33%, 즉 매년 3.33%씩 감축해가면 된다. 12년 동안 매년 동일한 감축률을 적용할 것이냐, 아니면 동일한 감축량을 유지할 것이냐의 문제가 된다.

연평균 감축률을 4.17%로 고정하면 감축량의 측면에서 초기에는 가파르게 줄다가 점차 줄어드는 정도가 완만해진다. 처음 양의 4.17%와 줄어든 양의 4.17%가 다르기 때문이다. 이에 반해 연평균 감축량을 3.33%로 하면 처음에는 많은 양에서 줄이니까 감축 비율이 낮다가 나중에 가면 적은 양에서 줄이니까 감축 비율이 높아지게 된다. 다시 말해 매년 3.33%씩의 양을 선형적으로 줄이려면, 감축률이 초기에는 낮다가 높아지는 결과가 된다.

현실에서 보면 기술이 개발되고 풍력과 태양광발전소가 건립되는데 시간이 걸리므로 점차 감축의 가속도가 붙을 수 있다. 이런 면에서는 연평균 감축량 3.3%가 더 적절할 수 있다. 그와 반대의 측면에서 보면, 초기에는 탄소배출을 줄일 수 있는 여지가 많다가 점차 줄일 곳을 찾기 어려워지니 연평균 감축률 4.17%가 현실을 반영한 것일 수도 있다.

연평균 감축량과 감축률은 단리와 복리, 산술평균과 기하평균, 등차수열과 등비수열의 차이라고 할 수 있는데, 이처럼 정책을 논의할 때 간단한 수학적 설명이 도움이 되기도 한다.

문 대통령은 환경 문제에 관심이 지대했다. 탄소중립뿐 아니라 신재생에너지, 수소경제에 대해서도 깊이 있게 이해하고 있었다. 2021년 10월 '수소경제 성과 및 수소 선도국가 비전 보고' 행사 후, 수소 트랙터, 수소 재난구호차량, 수소 지게차, 수소 굴삭기, 수소 트램, 수소 드론, 수소 터빈, 수전해 시스템 등 국내 기술로 개발해서 상용화한 제품을 둘러보았다.

원래 관람 시간은 10분을 예상했지만, 40분으로 늘어났다. 대통령이 제품 하나하나에 관심이 높고 질문도 많았기 때문이다. 대통령은 수소터빈 모형을 보면서는 "블레이드는 얼마나 더 커졌나?", 수소액화플랜트 모형에 대해서는 "암모니아와 혼합하지 않고 수소만으로 액화를 하나?", "저장하는 용기는 확보되어 있나?"는 등 20여 개의 상세한 질

년도	연평균 감축률 4.17%		연평균 감축량 3.33%	
	배출량	감축량	배출량	감축량
2018	100.00%		100.00%	
2019	95.83%	4.17%	96.67%	3.33%
2020	91.83%	4.00%	93.34%	3.33%
2021	88.00%	3.83%	90.01%	3.33%
2022	84·33%	3.67%	86.68%	3.33%
2023	80.82%	3.51%	83.35%	3.33%
2024	77.45%	3.37%	80.02%	3.33%
2025	74.22%	3.23%	76.69%	3.33%
2026	71.12%	3.10%	73.36%	3.33%
2027	68.16%	2.96%	70.03%	3.33%
2028	65.32%	2.84%	66.70%	3.33%
2029	62.59%	2.73%	63.37%	3.33%
2030	59.98%	2.61%	60.04%	3.33%

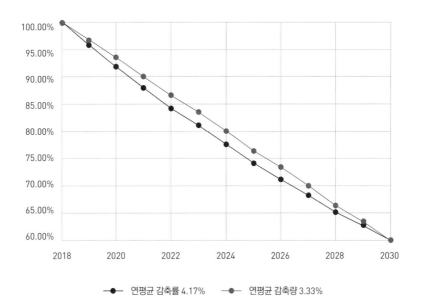

연평균 감축률 4.17%　　연평균 감축량 3.33%

문을 쏟아냈다. 브리핑을 위해 그 질문을 받아적으면서, 학창 시절 수업에서 우등생이 선생님께 질문을 하는데, 나는 질문의 내용조차 이해하지 못하는 열등생의 입장이 된 것 같았다.

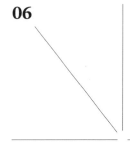

06 함수를 통해
알고 싶은 것은
'부동산'

정권이 바뀌면 이전 정부에서 주력했던 사업들은 사라지거나 우선순위에서 밀려나며 예산이 삭감되거나, 혹은 맥을 이어가더라도 명칭이 바뀌게 된다. MB 정부의 녹색성장, 박근혜 정부의 창조경제가 그러했다. 그런데 안타깝게도 문재인 정부의 '한국판 뉴딜'도 비슷한 운명을 맞고 있다. 한국판 뉴딜은 문재인 정부 사업이라는 낙인과 함께 용어가 사라지고, 세부 사업들은 진행되더라도 다른 이름으로 명맥을 유지하고 있다.

정상회담의 단골 주제, 한국판 뉴딜

한국판 뉴딜은 코로나19로 인한 경기 침체 위기를 극복하고 포스트코로나 시대에 글로벌 경제를 선도하며 세계적 흐름에서 앞서 나가기 위해 마련된 국가발전전략이다. 1930년대 미국 프랭클린 루스벨트 대통령이 대공황을 극복하기 위해 추진한 '뉴딜New Deal 정책'과 철학과 방향을 공유하기에 '한국판 뉴딜'이라는 이름이 붙여졌다. 문재인 대통령은 2020년 7월 국민보고대회를 통해 한국판 뉴딜의 두 축으로 '디지털 뉴딜'과 '그린 뉴딜', 이를 '안전망 강화'가 뒷받침하는 구조를 발표했다. 2021년 7월 발표한 '한국판 뉴딜 2.0'은 '디지털 뉴딜', '그린 뉴딜'과 더불어 제3의 축으로 '휴먼 뉴딜'을 선정했다. 휴먼 뉴딜은 이전의 안전망 강화를 확대하여, 격차 해소와 사람 투자에 더 집중하도록 진화시킨 전략이다.

코로나19를 겪으며 대부분의 국가들은 한국판 뉴딜과 비슷한 특단의 경제회복 정책을 추진했고, 그중에서 디지털 전환과 그린 경제·사회로의 전환은 전 세계적인 흐름이었다. 블룸버그가 발표한 '2021년 혁신지수'에서 우리나라가 세계 1위를 차지했는데, 한국판 뉴딜과 BIG3(미래차·바이오헬스·시스템반도체) 등 혁신 성장 추진이 높은 평가를 받았기 때문이다. 한국판 뉴딜은 IMF 등의 국제기구에서 호평을 받았고, 정상회담에서 빈번하게 언급되었다.

2021년 5월 한미 정상회담 당시 바이든 대통령은 집무실에 걸려있는 프랭클린 루스벨트 대통령의 초상화를 소개하며 "문 대통령이 루스벨트 기념관을 찾아주고, 한국판 뉴딜 정책을 추진해 감사하다."고 언급했다. 2021년 8월의 콜롬비아와의 정상회담에서 두케 대통령은 "콜롬비아가 시작한 '콜롬비아 미래를 위한 약속'은 '한국판 뉴딜'에서 영감을 얻었다."고 감사의 뜻을 전했다.

그해 11월 헝가리 아데르 대통령과의 정상회담, 11월 코스타리카 알바라도 대통령과의 정상회담, 12월 우즈베키스탄 미르지요예프 대통령과의 정상회담에서도 한국판 뉴딜은 빠지지 않고 언급되었다. 정상회담에서 대통령들은 자국의 정책과 한국판 뉴딜의 공통점을 언급하며 양국 사이의 긴밀한 협조와 공동사업을 제안해왔다. 한국판 뉴딜은 미국의 뉴딜 정책과 연관되어 직관적으로 와닿아서인지 외국 정상들에게 그 명칭이 쉽게 각인된 듯했다.

문 대통령은 미국의 뉴딜 정책에서 '후버댐'을 건설한 것과 한국판 뉴딜에서 '데이터 댐'을 구축하는 것 사이의 유사성을 강조했다. 데이터 댐은 21세기의 원유라 불리는 데이터를 수집하고 가공하여 정보를 재구성하는 집합 시스템으로, 인공지능^AI을 개발하고 5G 통신과 융합하여 가상현실을 제공하는 데 활용된다. 데이터 댐은 물리적 댐인 후버댐과 다른 디지털 댐이지만, 물과 같이 데이터를 가두어 보관하며 유용하게 활용한다는 개념이 같고 대규모 일자리를 만든다는 취지도 비슷하기 때문에 용어 자체가 주는 힘이 있다.

그린스마트 미래학교 창덕여중 방문

한국판 뉴딜의 10대 중점과제 중 교육 분야를 대표하는 건 '그린스마트 미래학교'다. 핵심 키워드인 '스마트 교실'과 '그린 학교'는 한국판 뉴딜의 '디지털 뉴딜'과 '그린 뉴딜'에 각각 맞닿아 있고, 인재 양성을 위한 학교 시설 첨단화는 '휴먼 뉴딜'과 연결된다.

2020년 8월 18일, 문재인 대통령은 그린스마트 미래학교의 모델인 창덕여중을 방문해서 전국의 노후학교를 창덕여중과 같이 바꾸어가겠다는 추진 의지를 밝혔다. 그린스마트 미래학교의 전형을 보여주는 더 현대적인 시설과 파격적인 공간 구조의 학교도 있지만, 창덕여중은 1945년 개교한 도심의 낡은 학교를 리모델링한 경우로, 다른 학교에서 벤치마킹하기에 적당하다는 면에서 선정되었다. 창덕여중의 중앙 현관에는 두 개의 벽이 마주 보고 있다. 9개의 화면으로 이루어진 디지털 벽과 레고로 세계지도를 만든 아날로그 벽이다. 말하자면 디지로그digi-log인 셈이다. 당시 코로나19로 온라인과 오프라인 교육, 비대면과 대면 교육, 원격수업과 등교수업을 조화시켜야 하는 현실을 디지로그 벽이 은유적으로 표현하고 있는 듯했다.

창덕여중 방문은 학교 시설을 둘러보고 간담회를 하는 식이 아니라, 대통령이 일일학생으로 수업에 참여하는 방식으로 진행되었다. 1교시 수학 수업에서는 이차함수의 그래프의 응용으로 알지오매스*를 이용해 곰돌이의 입 모양을 바꾸어보는 활동이 이루어졌다. 이차함수 식 $y = ax^2$에서 왼쪽과 같이 a가 양수인 0.5로 하면 웃는 표정이, 중앙과 같이 0으로 하면 일자형의 입이, 오른쪽과 같이 음수인 −0.5로 하면 슬픈 표정이 된다. a가 0인 경우와 음수인 경우는 눈가에 눈물이 맺히도록 하여 슬픈 표정을 극대화시켰다.

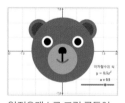 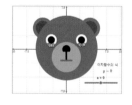 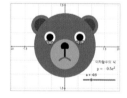

알지오매스로 그린 곰돌이

---

* 215쪽 참고. 알지오매스(AlgeoMath)는 대수(Algebra)와 기하(Geometry)를 망라해 수학(Mathematics)을 다루고 구현하는 소프트웨어이다.

문 대통령이 수학과 특별히 친하지는 않은 것 같아 다소 걱정했지만 기우였다. 태블릿PC에 만들어져 있는 곰돌이 그래프에서 스크롤바를 움직여 a를 변화시키는 것을 능숙하게 했다. 대통령이 곰돌이의 표정 변화를 확인하며 신기해하는 모습을 보며 일일학생 구상이 탁월한 선택이었다고 자평했다.

대통령이 함수를 통해 알고 싶은 것은 '부동산'

함수의 기능 중의 하나는 미래에 대한 예측으로, 이미 알고 있는 정보를 토대로 함수식을 세우고 앞으로 펼쳐질 상황을 알아낼 수 있다. 수업에서 교사는 함수가 미래를 알려주는 도구라고 설명하면서, "혹시 대통령님은 함수를 통해 미래에 대해 알고 싶은 게 있으십니까?"라고 질문을 던졌다. 사전 시나리오에 없던 돌발 질문에 순간 조바심이 일었다. 대통령은 잠시 생각을 한 후 다음과 같이 답했다.

"네, 지금 제일 현안인 미래의 부동산에 대해서 알고 싶습니다."

2020년 8월은 부동산을 둘러싼 부정적인 여론이 비등하던 시기로, 대통령의 고민을 솔직히 드러낸 것이다. 답변을 들으며 오늘 언론 보도는 본질은 외면한 채 부동산만 부각시키겠구나 싶어 일면 당황스러웠다. 예상대로 언론은 부동산을 키워드로 보도했는데, 대통령이 부동산 상황에 얼마나 심각하게 받아들이고 있기에 함수에 대한 답변에서마저 부동산을 언급하였을까 라는 점에서 반응은 나쁘지 않았다.

문재인 대통령의 창덕여중 방문

창덕여중 방문 관련 기사 제목

"미래에 대해서 궁금한 것은?" 질문에…文대통령 "부동산"

'함수로 미래 예측한다'는 말에 문대통령 "부동산은…"

'문재인 학생'이 알고 싶은 함수관계는?…"부동산이요."

대통령이 국정운영에 최선을 다했고, 특정 사안에 깊이 몰두한다는 것을 드러낸 또 다른 예가 있다. 2021년 어린이날 행사는 코로나19로 인해 강원도 평창 도성초등학교 어린이들과 화상으로 만났다. 대통령은 어린이들과 게임을 하고 즐거운 시간을 보내고 작별 인사를 하면서 "대통령 할아버지는 백신을 2번 다 접종했는데, 여러분도 꼭 접종을 하세요."라고 말했다. 당시 어린이에 대한 접종은 아직 허가되지 않은 상태였기 때문에 적절하지 않은 멘트였다. 다행히 화상 만남은 5월 4일 녹화해서 다음 날 업로드할 예정이었기 때문에, 해당 부분은 편집으로 잘라냈다. 당시 청와대와 정부의 최우선 관심사는 코로나 백신 공급과 접종률이었고, 대통령의 머릿속이 온통 백신으로 꽉 차 있었음을 보여준다.

대통령 임석 행사

청와대 비서관의 최대 미션 중의 하나는 대통령 임석 행사를 유치하는 것이다. 우선 대통령의 행사 참석 자체가 메시지이다. 국정과제나 부처가 추진하는 사업 행사에 대통령이 참석해서 축사나 격려사를 하면 힘이 실리게 되니, 부처와 비서관실은 신바람이 날 수밖에 없다. 그런데 대통령 행사를 치르려면 고달프다. 의전비서관실과 현장을 수차례 방문해 동선을 짜고, 행사 진행 시나리오를 구성하고, 메시지가 담긴 대통령 말씀자료를 기획비서관실·연설비서관실과 함께 작성하고, 국정홍보비서관실과 홍보 방안을 마련해야 하는 등 준비해야 할 게 많다. 그럼에도 불구하고 대통령 임석 행사를 유치하려는 경쟁은 치열했다.

청와대에서 대통령 일정을 정하는 회의는 실무회의, 기조회의 등 다단계로 이루어지는데, 대통령 참석이 왜 필요한지와 왜 불필요한지가 창과 방패처럼 부딪히는 회의에서 끝까지 살아남으려면 논리가 탄탄해야 한다. 영부인 참석 행사는 대통령 행사만큼 유치 경쟁이 치열하지는 않지만 참석의 의미가 명백하고 정무적 고려가 함께 이루어져야 하는 건 마찬가지다.

교육비서관으로 일할 때 대통령과 여사의 참석이 결정되면서 마치 사업 수주를 한 것처럼 기뻐했던 기억이 몇 번 있다. 문 대통령은 2020년 11월, 수능을 나흘 앞두고 오산고등학교를 방문해 수능 방역 준비 상황을 점검했다. 김정숙 여사는 2020년 '점자의 날'을 하루 앞두고 국립 서울맹학교를 방문해서 시각장애 학생을 격려했고, 2021년 12월 대통령과 함께 공주대 부설 특수학교 기공식에 참석했다. 장애인과 비장애인이 더불어 사는 세상에 다가가려 했던 문재인 정부의 철학이 담긴 행보였다.

정권이 바뀌고 반년도 지나지 않아 발생한 이태원 참사로 159명의 희생자가 하늘의 별이 되었다. 이태원 참사 유가족을 만나지 않은 윤석열 대통령은 2023년 10월 29일 1주기 추모식에도 불참했다. 그 대신 박근혜 대통령도 참석하지 않았던 박정희 대통령 추도식에는 참석했다. 대통령 임석 행사를 통해 국정 철학과 운영의 기조를 읽을 수 있는데, 윤석열 대통령의 동선은 많은 것을 시사한다.

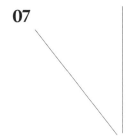

07

언제나
철저한 준비

     윤석열 대통령이 해외순방을 나갈 때마다 이번에는 어떤 설화舌禍를 일으키고 의전 실수를 범할지 조마조마한 심정이다. 2022년 6월, 첫 해외순방으로 NATO북대서양조약기구 회의에 참석했을 때, 윤 대통령은 비행기에서 뭘 하셨냐는 기자의 질문에 유럽 축구를 봤다고 답했다. 외교무대 데뷔전을 치르려면 기내에서 촌음을 아껴가며 자료를 읽고 숙지해도 부족할 텐데 참으로 여유롭구나 하는 생각과 더불어 향후 순방외교가 걱정되었다. 그 걱정은 현실이 되었고, 준비되지 않은 대통령의 해외순방 참사와 설화는 계속되었다.

    대통령의 해외순방은 고도의 집중력을 필요로 하는 고난도 과정이다. 외국에서의 실언이나 외교적 결례는 돌이킬 수 없는 치명타이며 국익, 국격과 직결되기 때문이다. 실제 문재인 대통령은 해외순방 때 비행기에서는 물론이거니와 방문국에 체류하는 동안 잠자는 시간을 거의 반납하고 회담을 준비했다.

순방길에 오를 때는 정상회담에 필요한 말씀자료와 오찬·만찬 시 대화에 참고할 환담자료 등이 담긴 두툼한 책자가 제공된다. 외교부의 자료에는 방문 국가의 현황과 최근 정세, 양국 간의 현안, 만나게 될 인사에 대한 정보 등이 담겨 있는데, 대변인 역시 이를 숙지해야 한다. 공식회담에서 누가 어떤 발언을 하는지 신속하게 정리해서 브리핑하려면 상대국 인사들의 얼굴과 이름을 익히고, 예상되는 회담 내용을 미리 파악해놓아야 하기 때문이다. 한편 의전비서관실이 작성한 자료에는 대통령과 영부인, 수행원들이 각 상황에서 어느 자리에 서고 어떻게 동선 이동을 하는지가 그림과 함께 자세하게 설명되어 있다. 윤석열 대통령의 빈번한 의전 실수는 자료를 공부하지 않은 탓이다.

자료를 읽고 또 읽고, 정상회담 전의 '열공'

문 대통령은 자료를 외울 정도로 열심히 보아서 놀란 적이 여러 번 있다. 말씀자료에서 중요한 내용은 본문으로 하고 참고가 될 만한 통계나 부연 설명은 각주로 놓는데, 대통령은 정상회담에서 각주로 처리된 통계를 끌어올려 언급하기도 했다. 2021년 11월 3일, 헝가리 아데르 야노쉬 대통령과의 정상회담에서 문 대통령은 한국의 투자액과 양국 간 교역액이 사상 최고치를 달성한 것을 다음과 같이 언급했다.

"한국의 대 헝가리 투자 금액 누계는 21억불인데 최근 3년의 투자 금액이 15억불로 70%를 차지합니다. 한국 전기차 배터리 기업이 헝가리에 투자한 후 진출기업이 늘었습니다. 뿐만 아니라 교역액도 작년에 36억 달러로 최고치였습니다."

한국과 헝가리의 교류가 긴밀해지며 투자액과 교역액이 높아진 것을 각주에 있던 통계와 함께 언급함으로써 헝가리 대통령에게 깊은 인상을 준 것으로 보였다. 문 대통령은 말씀자료의 본문뿐 아니라 수십 개의 각주까지 훤하게 꿰고 있을 정도로 자료를 읽고 또 읽었던 것이다.

문 대통령은 오르반 빅토르 총리와 오찬회담을 했는데, 헝가리에 대한 '열공'으로 풍부한 대화가 이루어질 수 있었다.

"헝가리에서는 한국과 마찬가지로 성 다음에 이름이 오고, 양국 모두 매운 맛을 좋아한다는 공통점이 있습니다."

"헝가리는 과학기술과 의학이 매우 발전했고, mRNA 백신 핵심 연구자 중의 한 명이 헝가리인이라고 알고 있습니다. 헝가리의 백신 연구 능력과 한국의 백신 생산 능력을 결합하면 양국이 윈-윈 할 수 있을 것입니다."

"헝가리 의대에 많은 한국 학생들이 유학하고 있는데, 나와 함께 온 주치의 아들도 헝가리 의대에 다니고 있습니다."

"총리는 축구 선수 출신으로 알고 있습니다. 아프리카에서도 축구공 하나만 있으면 축구를 할 수 있기 때문에 축구는 민주적인 운동입니다."

문 대통령이 헝가리에 대해 맞춤 준비를 한 덕에 오르반 총리와 화기애애한 대화가 이어질 수 있었다. 축구에 대한 문 대통령의 발언에 대해 오르반 총리는 영국 토트넘 소속 손흥민 선수가 2019년의 가장 아름다운 골로 '푸스카스 상'을 받았는데, 헝가리의 축구 영웅 푸스카스의 이름을 딴 것이라고 화답했다. 오찬회담과 같이 식사를 겸할 때는 문서를 보지 않기 때문에, 문 대통령은 위의 사항들을 모두 암기하고 있었던 것이다.

대본을 모두 외운 문 대통령

문 대통령이 모든 행사에 진심을 담아 준비했음을 보여주는 일화가 있다. P4G(Partnering for Green Growth and the Global Goals)는 녹색경제 분야에서 공공-민간 파트너십을 강화하고, 지속가능발전목표^{SDG} 달성과 파리협정 이행을 가속화하기 위한 협력체이다. 2020년 제2차 P4G 정상회의를 서울에서 개최할 예정이었지만 코로나19로 1년 연기되었다. 2021년 5월 P4G 서울 정상회의를 개최했는데, 비대면 화상회의다 보니 국민적 관심을 모으는 게 절실했다. 그래서 기획된 것이 문 대통령과 평소 환경 문제에 특별한 관심을 가지고 실천해온 배우 박진희, 방송인 타일러 라

녹지원에서의 P4G 대담

쉬의 특별 대담이다. 그날 대담은 P4G 정상회의에서 다루는 탄소중립, 기후변화, 제로웨이스트 실천 등을 주제로 진행되었는데, 내용이 방대하고 작가가 의욕적으로 준비하다 보니 시나리오가 유난히 길었다.

대담 촬영이 있던 날은 반짝이는 햇살과 녹지원의 연두가 싱그럽게 어우러진, 유난히 아름다운 날이었다. 대담이 시나리오 그대로 따라갈 필요는 없지만 대략적인 흐름에는 부합되어야 하는데, 출연자들이 녹지원의 성취에 취해서인지 질문·답변이 계획된 대로 가지 않았다. 대통령은 급기야 '이쯤에서 이 질문이 있어야 하지 않나요'라고 시나리오의 내용을 환기시켰다. 대통령은 긴긴 시나리오를 몽땅 숙지하고 있었던 것이다. 그만큼 문 대통령은 하나하나의 행사에 최선을 다해 준비했다.

3장

순방과 외교

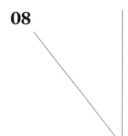

08

순방 암호명 '콘서트', 대변인에게는 '레퀴엠'

다자외교의 장에 가보면 정상들은 기본적으로 서로를 예우해주기는 하지만, 정상들도 인간인 이상 호감이 가는 경우와 그렇지 않은 경우가 표시 날 수밖에 없다. 객관적인 관찰자 입장에서 볼 때 문재인 대통령은 정상들 사이에서 인기가 높았다. 내가 대변인으로 순방에 함께했던 임기 후반기는, 문 대통령이 외국 정상들과 다자회의를 통해, 또 방문외교와 초청외교를 통해 친밀한 관계^{rapport}가 이미 형성된 시기라서 더욱 그러했다.

대통령은 티타임에서 '외교도 짬밥'이라는 표현과 함께 다음과 같이 스스로를 평가했다.

"외교 무대 경험을 쌓다 보니, 다자회의에서 어느 순간에 어느 자리에 서있어야 정상들과 의미있는 대화를 나눌 수 있는지, 외국 정상과 만나 어색함을 없애는 아이스 브레이킹을 어떻게 하는지, 자연스러운 대화를 이어가기 위해 어떤 소재를 동원해야 하는지, 외교 노하우를 가지게 되었습니다."

"임기 초반에는 촛불 시민의 강렬하면서도 평화로운 힘으로 대통령에 당선되었다는 점에서, 후반기에는 코로나19 방역의 모범 국가로 전 세계적 표준을 제공했다는 점에서 외국 정상들이 내게 먼저 다가와 대화를 시도하는 경우가 많습니다."

반색하며 다가온 프랑스 의전관

문재인 대통령은 2020년과 2021년 연이어 G7 정상회의에 초대를 받았다. 두 해 연속 G7 의장국의 특별초청을 받은 것은 이례적이다.* 2021년 6월 영국 콘월에서 열린 G7 회의에 참석하면서 문 대통령은 2019년 12월 한·중·일 정상회의 이후 18개월 만에 다자외교의 장에 서게 되었다. 그 사이 대한민국은 코로나19 검사^{Test}, 추적^{Trace}, 치료$_{Treatment}$의 3T 전략으로 전세계적 표준을 제시했고, 셧다운 없이도 코로나를 안정적으로 관리하면서 문 대통령의 국제적인 인기는 한껏 높아져 있었다.

다자회의 계기의 양자 정상회담은 일찍이 정해져 순방을 알리는 브리핑에서 함께 발표하는 경우가 대부분이지만, 현지에서 상호 협의하여 잡기도 한다. G7에서 전자에 해당하는 게 영국, 호주, EU로, 출국

---

* 윤석열 정부는 2023년 일본 히로시마에서 열린 G7에 초청을 받았으나, 많은 국민들은 일본에 대한 퍼주기 외교 덕분이라고 생각한다.

전부터 양자회담이 예정되어 있었다. 2021년 G7 회의에 미국, 영국, 프랑스, 독일, 이탈리아, 캐나다, 일본의 7개 회원국과 대한민국, EU, 호주, 남아프리카 공화국이 초청을 받아 참석했으니 모두 11개국이고, 가능한 양자회담의 경우의 수는 55개가 된다.* 각 국의 의전관들은 제한된 시간 동안 국익에 도움이 되면서 정상이 원하는 국가와 즉석 양자회담을 잡기 위해 소리 없는 전쟁을 벌이게 된다.

G7 회의에서 대한민국과 문재인 대통령의 인기를 방증하는 경험을 했다. 회의가 열린 카비스 베이 호텔에 대기하고 있는데, 한 외국인이 반색을 하며 다가왔다. 처음 보는 인물이기에 혹시 다른 사람을 향한 것은 아닌지 주위를 둘러보았지만, 내게 다가오는 게 확실했다. 프랑스 의전관이었다. 마크롱 대통령이 어떤 방법을 쓰더라도 문 대통령과 양자회담을 잡으라는 특명을 내렸고, 내가 달고 있는 태극기 배지를 보고 반가워서 달려온 것이다.

나는 프랑스의 간곡한 요청을 우리 측에 전했고, G7 회의의 두 번째와 세 번째 세션 사이에 프랑스와 회담을 했다. 비슷한 경로로 잡힌 게 독일 메르켈 총리와의 양자회담이다. 현지에서 잡힌 양자회담이라도 독일의 경우 독립된 장소에서 양국의 국기를 놓고 형식을 갖추면서 진행했고, 그럴 만한 시간적, 공간적 여유가 없을 경우는 프랑스와 같이 약식회담pull-aside meeting을 하기도 한다. '풀어사이드pull-aside'는 이야기를 위해 불러낸다는 의미로, 격식을 차리지 않고 하는 회담을 말한다.

---

* 11개에서 2개를 선택하는 조합 $_{11}C_2=55$

G7 회의장 앞에서

살인적인 일정의 국빈 방문

G7 회의에 이어 문 대통령은 오스트리아와 스페인을 국빈 방문했다. 두 국가에서 여러 층위의 회담이 이루어졌는데, 그때마다 빠지지 않고 등장한 질문이 G7 회의 분위기가 어땠는지, 또 어떻게 연속 초청을 받았는지여서 G7 회의 참석의 의미를 다시 한번 확인할 수 있었다.

국빈 방문을 하게 되면 충족시켜야 하는 일정이 있다. 대통령·국왕·총리와 정상회담, 21발의 예포를 쏘는 환영식, 환송식, 공식 오찬과 만찬, 시청 방문, 의회 연설, 수도 이외의 도시 방문 등이 포함되어야 한다. 국빈 방문에서 대통령 일정이 빡빡하게 짜여지고, 대부분의 일정에 대해 브리핑이 이루어져야 하기 때문에 대변인 역시 숨 가쁜 시간을 보내게 된다.

오스트리아 비엔나에서는 판 데어 벨렌 대통령 정상회담, 세바스티안 쿠르츠 총리 회담, 총리 주최 오찬이 연이어 진행됐고, 세 가지 모두 브리핑이 필요했다. 언론이 기사 작성을 위해 브리핑을 기다리고 있기 때문에 오찬 자리에 참석하면서 한편으로는 무릎에 노트북을 놓고 브리핑을 작성하는 멀티태스킹을 해야 했다. 오스트리아를 떠나는 날은 독일 제약사 큐어백 CEO와 화상 면담, 하일리겐크로이츠 수도원 일정을 끝내며 바로 스페인으로 출발했다. 공항으로 가는 차 안에서 두 가지에 대한 브리핑을 작성하고, 비행기에 타서 스마트폰 테더링으로 겨우 전송을 했다.

순방 때마다 보안 등의 이유로 암호명을 부여하는데, G7·오스트리아·스페인 순방의 경우 '콘서트'였다. 음악 종주국인 오스트리아를 감안해 붙인 암호명인데, 워낙 살인적인 일정이다 보니 대변인에게는 '콘서트'가 아니라 '레퀴엠(위령미사곡)'이라는 생각이 들 정도였다.

오스트리아는 문 대통령을 맞아 문화예술의 높은 수준을 한껏 보여주었다. 총리 주최 오찬은 쇤브룬 궁에서, 대통령 주최 만찬은 벨베데레 궁에서 진행되었다. 쿠르츠 총리는 쇤브룬 궁의 그로세 갈레리에 Great Gallery 가 1961년 구소련 흐루시초프 서기장과 미국 케네디 대통령의 정상회담이 이루어진 곳으로, 40년 만에 처음으로 외부 공식행사에 개방한 것이라고 언급했고, 이 내용을 브리핑에 담았다.

그런데 일부 온라인 커뮤니티에서는 개인이 비용을 내고 그로세 갈레리에를 대관한 적이 있기에 40년 만이라는 건 사실이 아니라고 시비를 걸어왔다. 공식행사를 위한 개방은 40년 만이라는 게 팩트임에도

쇤브룬 궁에서 오찬사를 하는 문재인 대통령   (출처: 쿠르드 총리실)

불구하고, 이런 흠집 내기 시도는 매번 반복되었다.

　오찬에서는 비엔나 필하모닉 오케스트라의 에이스 주자들이 연주를 했다. 같은 테이블에 앉은 예술·문화장관은 오스트리아에서도 비엔나 필하모닉 오케스트라의 연주를 직관하기 힘든데, 한국 순방단 덕분에 멋진 연주에 함께할 수 있었다고 도리어 우리에게 고마워했다.

　오스트리아 측은 벨베데레 궁의 공식 만찬에 앞서 클림트의 작품 〈키스〉가 전시된 방에서 식전주를 마시라고 제안을 해왔다. 클림트의 〈키스〉는 벨베데레 궁을 떠난 적이 없을 정도로 오스트리아가 귀하게 여기는 국보급 작품인데, 그 방에서 식전주를 허용하는 것은 상상을 뛰어넘는 파격적 제안이다. 루브르 박물관의 〈모나리자〉와 마찬가지로 벨베데레 궁의 〈키스〉는 워낙 인기가 높아, 관람을 하러 가도 작품을 둘러싼 사람들의 뒷모습만 보다 오게 되는데, 호젓하게 명화를 감상하는 기회이니 다들 기대가 컸다. 그렇지만 문 대통령은 클림트 작품을 관람하는 여유를 허용하지 않았다. 순방은 공식적인 일 중심이어야 한다는 대통령의 결정에 순방단은 아쉬움을 삼켰다.

순방 보도에 인색했던 언론

문 대통령은 순방을 가는 곳마다 해외동포들의 열렬한 환영을 받았다. 비엔나도 예외는 아니어서 순방단이 묵은 호텔 앞에 수백 명이 운집해 있었다. 태극기와 환영 문구를 든 지지자들은 대통령의 도착과 출발 때뿐 아니라 체류하는 내내 머무르며 열광적인 응원을 보내주었다.

오스트리아의 현지 언론도 정상회담을 대대적으로 보도했다. 〈비너 차이퉁Wiener Zeitung〉, 〈데어 슈탄다르트Der Standard〉, 〈디 프레세Die Presse〉와 같은 주요 일간지는 정상회담뿐 아니라 오스트리아와 한국의 역사적인 관계와 한국 문화를 소개하는 특집을 기획하고, 지면의 상당 부분을 할애했다.

한국과의 정상회담을 적극적으로 다루는 방문국 언론과 달리 국내의 보도는 인색하기만 했다. 문 대통령이 G7 정상들과 함께한 기념 사진, G7 회의에서 바이든 대통령과 영국의 존슨 총리가 문 대통령을 가리키며 대한민국을 대화의 중심에 놓고 있는 사진 등이 제공되었음에도, 지면 신문 대부분은 국민의힘 당 대표로 선출된 이준석이 따릉이를 타는 사진을 1면에 크게 실었고, G7 사진은 다른 면의 귀퉁이에 배치했다.

정치비타민

비엔나 호텔 앞의 환영 인파

G7 회의에서 대한민국을 대화의 중심에 놓은 사진

그로부터 2년 후 2023년 5월 윤석열 대통령이 일본 히로시마에서 열린 G7에 참석했을 때, 보수언론은 일제히 G7 사진을 1면 톱에 올렸다. 5월 20일 J일보는 1면에 2023년 G7 회의 사진을 전격적으로 배치하고 4면에 원폭피해자 간담회 사진과 히로시마 평화기념관을 배경으로 하는 사진까지 배치해 2021년 G7 보도와 크게 대비되었다.

한편 2023년 9월 유엔총회를 계기로 윤석열 대통령은 41개의 양자 정상회담을 소화했고 그런 강행군으로 대통령이 코피를 흘렸다는 '윤비어천가' 보도가 넘쳐났다. 부산엑스포를 위해 총력전을 펼치고 있는 노력을 폄하하고 싶지는 않지만, 정상회담 개수에 연연하는 실적주의에 매몰되어 인사 나누고 사진 찍는 정도의 피상적인 회담이 과연 도움이 되는지 냉정하게 따져보아야 한다. 순방 전 대통령실 안보1차장은 한 달 안에 가장 많은 정상회담을 한 대통령으로 기네스북 등재를 신청할 예정이라고 하더니, 정치 사안은 기네스북 등재가 불가하다는 것이 밝혀진 후 농담이었다고 논란을 수습했다. 문재인 정부 시절 순방 보도에 그리도 인색했던 C일보는 2023년 9월 20일 1면 톱사진으로 정상회담 사진을 8개 올렸다. 언론지형은 심각하게 기울어진 운동장임이 확실하다.

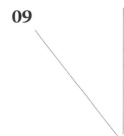

09 BTS와 함께한 유엔총회

2021년 9월 유엔총회에서 우리나라는 여러 면에서 신기원을 열었다. 문재인 대통령은 전 세계를 대표해 유엔총회 기조연설을 했고, BTS방탄소년단는 청년세대 대표로 초청받아 SDG지속가능발전목표 모멘트 행사에서 연설을 했다. 이 연설에 맞추어 공개한 '퍼미션 투 댄스Permission to Dance' 뮤직비디오는 폭발적인 반응을 불러일으켰다. 유엔 건물의 내부와 외부를 배경으로 BTS가 노래와 춤을 펼치면서 다양한 인종의 젊은이들과 어우러지는 '퍼미션 투 댄스' 뮤직비디오는 공존과 화합, 연대와 협력의 메시지와 함께 유엔총회의 취지를 잘 담아냈다. BTS가 뉴욕에 도착해 하루 만에 촬영하고 편집을 마쳤다는 게 믿어지지 않을 만큼 완성도가 높은 뮤직비디오였다.

〈뉴욕타임스〉는 "BTS가 유엔에서 무대 중심에 섰다(BTS Took Center Stage at the U.N.)"는 기사에서 역동적인 춤과 중독성 있는 가사, 열광적인 팬으로 유명한 BTS가 7분간의 연설을 통해 젊은이들의 회복

력에 찬사를 보냈다고 소개했다. 안토니우 구테흐스 유엔 사무총장은
"BTS 연설과 뮤직비디오는 유엔총회 역사상 유례없는 공전의 히트를
쳤다."면서 감사의 뜻을 전했다.

BTS와의 오찬

문재인 대통령은 뉴욕으로 향하기 며칠 전 BTS를 '미래세대와
문화를 위한 대통령 특별사절'로 임명하고 오찬을 함께했다. BTS는
2020년 9월, 청와대 녹지원에서 진행된 제1회 청년의 날 기념식에서
대표연설을 했는데, 그때 행사만 하고 바로 떠나면서 후일을 기약한 식
사가 1년 만에 이루어진 것이다.

이날 문 대통령은 BTS의 상징색인 보라색 넥타이를 맸고 김정숙
여사는 짙은 보라색 정장을 입었는데, 오찬간담회 사회를 본 나도 보라
색 옷을 입었다. 청와대에서는 어느 상황에서건 대통령이 빛나야 하고
참모들은 무난한 배경이 되어야 하기 때문에 눈에 띄지 않는 무채색의
옷을 주로 입는다. 그렇지만 그날은 보라색 옷으로 BTS에 대한 오마주
를 표현하고 싶었다.

문 대통령은 BTS가 K팝, K문화를 통해 대한민국의 품격을 높여준
것과 대통령 특사를 흔쾌히 수락한 점에 대해 감사의 마음을 표하며
다음과 같이 말했다.

"유엔에서 SDGs 지속가능발전목표를 위한 특별행사를 여는데,
정상들을 대표해 내가, 전 세계 청년들을 대표해서 BTS가 참여했

BTS 임명장 수여식

으면 좋겠다는 요청을 해왔습니다. 그 자체로 대한민국의 국격이
대단히 높아진 것이라고 생각합니다."

BTS의 리더인 RM은 역시 언변이 뛰어났고, 다음과 같이 화답했다.

"미래세대와 문화를 위한 대통령 특별사절이라는, 한 국민과 개인
으로서 이런 타이틀을 달고 무언가를 할 수 있다는 게 너무나 큰 영
광입니다. 우리가 받은 사랑을 보답하고 동시에 많은 것을 드릴 수
있을까 늘 고민하고 있었는데, 대통령께서 너무나 좋은 기회를 주
셔서 영광스럽게 생각하고, 특별사절을 열심히 해보려고 합니다."

대통령은 BTS의 노래에 대해서도 자세하게 언급했다.

정치비타민

"퍼미션 투 댄스' 안무 속에 수화를 포함시켜서 세계의 청각장애인들에게 큰 희망을 주었고, 광화문 교보빌딩 100번째 글판으로 이 노래의 가사 '춤만큼은 마음 가는 대로, 허락은 필요없어'가 선정되어 공감대를 주었습니다."

한국어와 한류의 전파자 BTS

오찬 자리에서는 편안한 분위기 속에 허심탄회한 대화가 오갔다. BTS는 코로나19로 공연업계가 겪고 있는 어려움을 토로하면서, 우리나라의 경우 스포츠 경기장에서 공연을 하는데 전용공연장이 지어졌으면 하는 바람을 이야기했다. 문 대통령은 외국 정상들을 만나면 BTS로 대화를 시작하는 경우가 많아 외교에서 큰 도움을 받고 있고, 심지어 어떤 정상은 국빈방문할 때 BTS가 함께 와서 K팝의 밤을 열어달라는 부탁을 한 적도 있다는 사례를 소개했다. BTS 멤버들은 정상들이 만났을 때 정말로 자신들에 대해 이야기하느냐고 확인 질문을 했다. 실제 내 경험에 비추어 보아도, BTS는 정상 간의 대화뿐 아니라 외국 수행원들과 함께 식사하는 자리에 화제로 올라 대화가 순조롭게 풀려가는 경우가 많았다.

김정숙 여사는 "우리 세대는 팝송을 들으며 영어를 익혔는데, 요즘 전 세계인들은 BTS의 노래를 위해 한국어를 익히고 있다."면서, BTS가 한국어 보급에 큰 역할을 하고 있다는 점을 강조했다. 평소 과묵한 정의용 외교부 장관도 경험담을 보탰다. 외국에 살고 있는 손주들이 BTS의 '찐팬'인데, 외국 친구에게 BTS 노래를 번역해서 알려주면서 한국어가 많이 늘었다고 말했다. 전 세계적으로 한국어를 제2외국어로 채택하는 국가가 늘고 한국어학과를 설치하는 대학이 많아졌고 외국에서 한국어를 가르치는 세종학당과 한글학교가 증가일로인데, 그 일등공신은 BTS일 것이다.

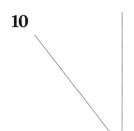

10

프란치스코 교황

2021년 10월 29일, G20 참석을 위해 로마를 방문한 문재인 대통령은 2018년 10월에 이어 프란치스코 교황과 두 번째 만남을 가졌다. 프란치스코 교황은 사진과 영상을 통해 익히 보아왔지만, 직접 알현했을 때의 느낌은 형용하기 어려울 정도로 특별했다. 교황의 모습과 목소리에서 '선한 영향력'이 전해졌고, 만남 자체로 위로와 평온과 안식을 얻을 수 있었다.

문 대통령은 첫인사로 3년 만에 다시 만나게 되어 기쁘다고 하자, 프란치스코 교황은 "Ritorna"라고 답했다. 이탈리아로 ritorna는 언제든지 '다시 오시라'는 의미로 친한 사이에 사용하고, 친하지 않은 사이이면 ritorni를 사용한다. 통역을 담당한 교황청의 한국인 신부에 따르면, 교황은 항상 밝은 미소로 전 세계인을 맞아주지만, 문 대통령과의 면담에서는 더없이 만족스러운 표정이었고 유례없는 친근감을 보였다고 평가했다.

교황과 함께한 대한민국 순방단

교황의 방북은 청와대의 희망사항?

한반도 평화에 관심이 많은 프란치스코 교황은 2018년 평양으로부터 초청장이 오면 방북하겠다는 의사를 밝힌 바 있는데, 2021년 문 대통령과의 만남에서 다시 한번 의지를 천명했다. 교황은 "한반도 평화와 통일을 기원하며 항상 기도하고 있고, 북한에서 초청장이 오면 평화를 위해, 여러분들을 도와주기 위해 기꺼이 갈 수 있다."고 말했다. 교황은 "남과 북은 같은 언어를 쓰는 형제이지 않는가."라고 했는데, '같은 언어를 쓰는 형제'라는 대목이 2018년 IPU에 참석한 리종혁 북한 대표단 단장의 "우리는 통역도 필요 없잖아요."라는 멘트와 중첩되면서 (161쪽) 가슴 속에 울림을 만들어냈다. 문 대통령은 "지난 방문 때 교황님께서 한반도 평화를 위한 미사를 집전해주시고, 한반도 평화를 위한 대화 노력을 축복해주셨다."면서, "교황님께서 기회가 되어 북한을 방문해주신다면, 한반도 평화의 모멘텀이 될 것"이라고 화답했다.

교황의 방북 의사 표명은 두 분의 면담 과정에서 이루어졌고, 이 자리에 배석해 통역을 담당한 신부가 전해준 것이다. 대변인 브리핑에 당연히 교황의 방북 관련 내용을 포함시켰는데, 일부 보수 언론은 교황청이 낸 공식자료에는 방북이 언급되어 있지 않다며, 청와대가 희망사항을 담아 확대 해석한 것이 아니냐는 기사를 냈다. 대통령이 전 세계인의 정신적 지주인 교황과 만나서 나눈 대화에 대해서까지 의심을 하는 언론이 개탄스러울 뿐이었다. 청와대의 자의적 해석이라는 언론의 공격에 대해 정색을 하며 반박하고 싶었지만 그래도 평정심을 유지하며 다음과 같이 설명했다.

교황청 보도자료는 대화의 큰 주제만 제시하고 상세한 내용은 담아내지는 않는 경향이 있고, 굳이 따진다면 교황청의 공식자료에 포함된 "한반도의 평화와 발전을 위한 공동의 노력과 선의(joint effort and good will may favour peace and development in the Korean peninsular)"에 방북이 내포되어 있다고 볼 수 있습니다.

아르헨티나, '따뜻한 나라' 논란

대변인은 브리핑으로 소통한다. 대對 언론 창구인 브리핑 이외에 특정 언론과 인터뷰를 하게 되면, 청와대 출입 언론에 공평하게 정보를 제공하지 못하는 결과를 초래한다. 그런 연유로 대변인으로 일하는 동안 가능한 한 인터뷰는 사양했고, 세 번 라디오 인터뷰에 응했다. 2021년 9월 유엔총회와 11월 G20 정상회의 홍보를 위해 그리고 2022년 4월 북악산 개방의 의미를 설명하기 위해서였다.

G20 회의와 관련하여 현지에서 라디오 인터뷰를 한 이유는, 대통령의 순방 보도가 조금이라도 더 이루어졌으면 하는 바람에서였다. 아침 라디오 프로이다 보니 유럽 현지는 자정이 넘은 늦은 시간에 전화 연결이 되었다. G20 회의와 그에 이어 참석한 COP26(제26차 유엔기후변화협약 당사국총회)에 대한 전반적인 홍보를 의도했지만, 언론의 관심은 교황의 방북에 집중되어 있었다.

진행자는 방북 시기가 언제쯤이냐고 물었고, 나는 "여러 상황이 조성되어, 교황님께서 한반도의 항구적 평화를 위한 발걸음을 해주실 수 있기를 바랍니다."라고 에둘러 답했다. 그런데 진행자가 다시 한번 방북 시기를 물었고, 나는 시기를 특정할 수는 없다고 답하면서 이렇게 덧붙였다.

교황님이 아르헨티나, 따뜻한 나라 출신이기 때문에 겨울에는 움 직이시기 어려운 것으로 알고 있습니다. 한반도 평화를 위해 항상 기도해주고 계신 교황님의 북한 방문은 만들어지는 이벤트가 아니 라 그 자체로 숭고한 행보입니다.

인터뷰에서 안 해도 될 언급을 한 건 분명한 실책이었다. 순방 전 교황청 관계자를 만났을 때 프란치스코 교황이 연세도 있고 해서 겨울 에는 순방을 잘 다니지 않는다는 사실을 들었던 게 떠올라서 나온 말 이었다. 또한 방북이 조속하게 실현되기는 어렵기 때문에, 일단 시간이 좀 지난 후라는 메시지를 주는 게 필요하다는 생각도 기저에 있었다. 교황의 방북이라는 본질에 트집을 잡을 수 없는 언론은 '아르헨티나 따 뜻한 나라'라는 발언을 집요하게 파고들었다.

아르헨티나는 남북으로 긴, 남반구 국가이기 때문에 북쪽 지방은 덥지만, 남쪽 지방은 꽤 춥다. 하지만 교황은 아르헨티나의 북쪽에 위 치한 부에노스아이레스 출신이기 때문에 따뜻한 지역에서 성장한 것 도 사실이다. 부에노스아이레스는 7월이 가장 추운데 평균 기온이 최 저 8도에서 최고 14도 정도이니, 겨울에 영하 10도 이하로 떨어지는 북한에 가시는 게 고령의 교황에게 무리라는 건 자연스러운 추론이 었다.

해외 언론까지 비판에 가세했다. VOA Voice of America 방송은 아르헨티나는 항상 따뜻한 나라가 아니라 일부 지역은 혹한 피해를 입을 정도로 기온이 떨어진다고 지적하면서, 아르헨티나의 관광도시 바릴로체에 있는 파타고니아 스키 리조트는 2017년 7월 영하 25.4도를 기록하기도 했다는 친절한 설명까지 덧붙였다. 미국 인권단체 북한인권위원회의 사무총장은 아르헨티나에 스키장이 있다는 것을 아느냐고 반문했다는 보도가 나오면서, '청와대 대변인, 지리맹', '국제 망신' 등 비난성 기사가 쏟아졌다. 선의에서 출발한 인터뷰가 괜한 논란만 키우면서 자책감도 들었지만, 비판 기사를 통해서라도 대통령이 교황을 만났다는 사실이 간접 홍보되었으니 그걸로 불편한 마음을 달래야 했다.

교황의 언어적 감각

문 대통령의 바티칸 방문에 맞추어 로마의 산티냐시오 성당에서는 '철조망, 평화가 되다' 전시회가 개최되었다. 전시된 십자가들은 DMZ에서 한반도의 남북을 가로막던 노후 철조망을 수거해서 만든 것이다. 십자가의 개수는 136인데, 1953년 휴전 후 2021년까지 떨어져 살아온 기간이 68년이고, 남과 북의 68년을 더한 값이다. 산티냐시오 성당에는 한반도 지도 형태로 136개의 십자가를 배치했는데, 남과 북이 하나로 합쳐져 평화를 이루고자 하는 염원을 담고 있다. 문 대통령이 교황을 만날 때 철조망 십자가의 제작 과정을 담은 영상을 선물했다. 영상을 받은 교황은 바로 보겠다고 답했는데, 호기심이 그득한 교황의 눈빛에서 그날 밤 보셨으리라고 짐작할 수 있었다.

프란치스코 교황의 황동기념메달

'철조망, 평화가 되다' 전시회　　（출처: 연합뉴스）

　　프란치스코 교황은 언어적 감각과 순발력이 뛰어났다. 문 대통령은 교황에게 수술 받으신 후 건강이 좀 회복되셨느냐고 안부 인사를 하자, 교황은 '부활했다'고 은유적으로 답했다. 부활을 의미하는 이태리어 risurrezione가 영어의 resurrection과 발음이 비슷해서, 교황이 말씀하실 때 그 뜻을 짐작할 수 있었는데, 환한 미소와 함께 '부활'을 말씀하시던 모습이 인상적이었다.

　　문 대통령은 교황을 함께 알현한 수행원 13명을 한 명 한 명 소개했는데, 제2부속실장이 최근에 세례를 받았고 세례명이 프란치스코 ^{Francisco}라고 하자, 교황은 "Oh, Francisco Junior!"라고 경쾌한 음성으로 반응했다.

2020년 3월 코로나로 가톨릭 미사가 온라인으로 대체되었을 때 프란치스코 교황은 텅 빈 성 베드로 광장에서 혼자 비를 맞으며 기도를 했고, 그 장면이 전 세계에 전해졌다. 김정숙 여사가 텅 빈 광장에서 기도하시는 모습이 가슴 아팠다고 하자, 교황은 "역설적으로 그때만큼 많은 사람들이 모여 광장이 꽉 찬 적이 없었다. 전 세계의 수많은 사람들이 함께 기도하고 있었기 때문"이라고 답했다. 텅 비었는데 꽉 찼다는 시적인 표현이 마음에 와닿았다.

프란치스코 교황은 한국 순방단에게 '프란치스코 교황 즉위 9년 Francis Pont Max Anno IX'이 라틴어로 새겨진 황동기념메달을 선물했다. 나는 가끔 이 메달과 함께 교황의 온화한 미소를 '내 마음의 보석상자'에서 꺼내보며 평안을 찾곤 한다.

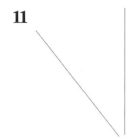

11

마지막 순방, 샤프란

2022년 1월 문재인 대통령은 공군1호기를 타고 UAE, 사우디아라비아, 이집트로 마지막 순방을 떠났다. 새 차를 구입하면 고속도로에서 높은 속도로 달려서 차를 길들인다고 하는데, 새 비행기를 한번 타서 길을 들인 후 다음 정부에 넘겨주게 된 셈이다. 이전 공군1호기는 2010년부터 세 정권에 걸쳐 대통령 전용기의 역할을 했고, 문 대통령은 1호기로 51개국 약 51만 킬로를 다녔다. 코로나19로 1년 반 정도 순방이 멈추었던 것을 감안하면 부지런히 전 세계를 누비며 순방외교를 펼친 것이다.

순방에 대한 야당의 비판

대통령의 순방 발표는 상대국과 약속하에 동일한 시간에 한다. 마지막 순방의 경우 한국 시간 2022년 1월 10일 오후 5시 동시에 발표하기로 되어 있었다. 그런데 1월 9일 국민의힘에서 '국민 고통 속 文

대통령은 또다시 따뜻한 나라로? 이거 실화냐?'라는 제목의 논평이 나왔다. 내용도 "임기가 4개월도 남지 않은 대통령이 코로나 위기 속에 신음하는 국민들을 제쳐둔 채 꼭 지금 나가야만 하는지 의문이다." 등 비판의 강도가 높았다.

청와대 대변인으로 일하는 동안 과유불급過猶不及을 염두에 두고 야당을 직격하는 브리핑은 자제했다. 정부와 대통령에 대해 원색적 공격을 서슴치 않는 야당의 행태를 비판하고 싶을 때가 수도 없이 많았지만, 대통령의 품격과 온화한 성품에 어울리게 가능하면 격조있게 가자는 게 소신이었다. 미셸 오바마가 민주당 전당대회에서 했던 "저들이 저급하게 해도 우리는 품위있게 간다(When they go low, we go high)."는 말을 되새기곤 했다. 야당의 공격에 대해 맞대응을 하면 후련할지는 모르지만 끝내는 독이 될 수 있다는 생각에 '순한 맛' 브리핑의 원칙을 지켰다. 그러나 공식 발표 이전에 순방을 폄훼하는 브리핑을 한 것은 심각한 외교적 결례로 묵과하기 어려웠고, 다음과 같이 브리핑을 했다.

양국 정상회담 등 대통령의 외교 일정은 상대국과의 협의를 통해 약속된 시간에 공식 발표하는 것이 외교적 관례입니다. 그럼에도 불구하고 어제 한 야당이 대통령의 순방 일정을 포함하는 논평을 낸 것에 대해 강한 유감을 표하지 않을 수 없습니다.
외교의 본질은 상대국과의 신뢰를 기반으로 국익을 추구하는 것에 있는데, 공식 발표 전에 순방 일정을 공개하는 것은 외교적 결례를 넘어서 상대국과의 신뢰 관계를 훼손하는 일입니다.

대한민국의 정상외교는 그 어느 때보다 국제무대에서 높은 위상을 보이며, 실질적인 성과로 국익에 기여하고 있습니다. 수권정당이 되고 싶은 야당이라면, 외교적 고려가 필요한 사안에 대해 좀 더 신중을 기해야 할 것입니다.

백브리핑에서 다시 한번 강한 어조로 야당의 논평에 대해 반박을 했다.

야당을 영어로 opposition party라고 합니다. 용어 자체가 '반대를 하는 정당'이라는 의미입니다. 야당은 정부와 청와대에 대해, 타당성을 갖는 합리적인 비판이건, 근거 없는 무리한 비판이건 할 수 있습니다. 그런 비판은 일종의 야당의 권리입니다. 하지만 외교에는 상대가 있고 상대국과의 약속은 매우 중요합니다. UAE, 사우디아라비아, 이집트와 순방 일정을 공개하기로 약속한 시간이 있는데, 그전에 3개국을 명시하면서 논평을 내는 것은 외교적 관례를 깨뜨리는 것으로 용납되기 어렵습니다.

당시로서는 세게 대응을 한다고 한 것인데, 현재 대통령실 대변인의 선을 넘어서는 직설화법을 보면 그때의 브리핑은 참으로 온건했다. 청와대 대변인으로 忍 ^{참을 인} 을 되새기며 살았는데, 절제라고는 찾아볼 수 없는 윤석열 정부 대변인들의 소음같은 브리핑을 참아내느라 또다시 인고의 시간을 보내고 있다.

UAE 왕세제 대신 총리와의 회담

UAE United Arab Emirates는 국호 그대로 아랍에미리트 7개 토후국의 연합으로, 맏형인 아부다비의 통치자가 대통령이고, 두 번째인 두바이 통치자가 부통령이자 총리이다. 2021년 1월 와병 중인 셰이크 칼리파 빈 자이드 알 나흐얀 왕을 대신하여 이복동생인 모하메드 빈 자이드 알 나흐얀 왕세제가 대통령을 대행하고 있었다.

UAE 순방을 떠나기 직전 알 나흐얀 왕세제와의 정상회담이 취소되고, 대신 빈 라시드 알 막툼 총리와 공식회담을 한다는 연락이 왔다. 총리는 서열이 2위로, 서열 3위의 왕세제보다 높지만, 서열 1위의 왕을 대리하고 있던 왕세제와의 정상회담이 이루어지지 않은 것을 언론이 비판할 것은 자명했다. 알 나흐얀 왕세제는 '예상할 수 없는 긴급한 국가적 이유unforeseen and urgent matter of state'라고 취소 사유를 밝히면서 정중히 이해를 구해왔다. 우리는 비행기 안에서 정상회담 취소 사실을 어떻게 언론에 알릴 것인지 긴급회의를 했다. UAE가 전해온 취소 사유를 그대로 공개하는 게 최선이라는 결론을 내렸다. 하지만 예상대로 언론은 '정상회담 불발', '패싱 당한 文' 등의 제목으로 비판 기사를 썼다.

그런데 공식회담 바로 다음 날, 아부다비에서 예멘 후티 반군의 드론 공격이 있었고, 그게 정상회담 취소의 원인이었던 것으로 해석되면서 비판은 잦아들었다. 왕세제와의 정상회담이 총리와의 공식회담으로 바뀐 것을 두고도 청와대에서는 어떻게 설명할 것인지 고심을 거듭했는데, 윤석열 정부의 대통령실은 대범하다고 해야 할지 문재인 정부와는 확실히 다르다.

한 예로 윤석열 대통령 대변인실은 2022년 9월 15일 유엔총회 계기로 한일 정상회담을 하기로 합의했다고 발표했지만, 일본에서는 이를 부인하며 섣부른 발표에 불쾌감을 표했다. 마음이 조급해진 윤 대통령은 뉴욕에서 일본 기시다 총리가 참석했던 회의 장소로 찾아가는 굴종의 방식으로 만났다. 우리나라는 '약식회담'이라고 애써 의미를 부여했지만, 일본 외무성은 '간담懇談'이라고 규정했다. 양국의 국기도 없이, 사진 한 장만 달랑 공개된 만남이었다. 문재인 대통령은 그런 식의 굴욕적인 회담은 하지도 않았겠지만 만약 그러했다면 언론은 거세게 비판했을 것이다. 윤석열 정부에서 대부분의 언론은 권력의 감시견인 워치독watchdog이 아니라 애완견인 랩독lapdog으로, 짖어야 할 때 짖지 않고 길들여진 개처럼 유순하기만 하다.

UAE에서의 대변인 브리핑

이집트 K9 자주포 수출

정상회담 후의 브리핑에는 몇 가지 패턴이 있다. 회담 논의 사항을 '폭넓은 의견을 교환했다', '실질 협력이 증진되고 있다고 평가했다'와 같은 문장으로 정리하는 경우가 많다. '최종 타결을 위해 계속 노력해 나가기로 했다'는 협상 타결이 이루어지지 못했음을 의미하는 완곡어법이다.

2022년 1월 중동 순방 때 이집트와의 K9 자주포 계약이 임박해 있었다. 사관학교 출신으로 국방장관을 지낸 이집트 알시시 대통령은 문재인 대통령 못지 않은 '밀덕'(밀리터리 덕후, 군과 무기 전문가)이었다. 한국과 이집트는 K9 자주포 가격뿐 아니라 기술 이전과 현지화 생산 등의 조건을 놓고 입장 차이를 줄이기 위해 릴레이 협상을 이어갔다. 공식 오찬 중에 문 대통령은 방사청장을, 알시시 대통령은 방산물자부 장관을 각각 불러서 협상을 계속하라고 지시했다. 이집트는 한국이 순방 중에 수출 계약 체결을 하고 싶어 다소 불리한 조건이라도 감수할 것이라 예상했지만, 문 대통령은 방사청장에게 순방 성과를 위해 무리하지 말고 차분하게 소신껏 협상하라고 주문했다.

문 대통령은 K9 자주포를 생산하는 민간 기업에게 불리한 조건으로 계약을 체결하라고 압박할 수도 없을 뿐더러, 한번 저렴하게 공급하면 이후 무기 수출에 지장을 초래할 수 있다는 점을 고려했다. 알시시 대통령은 아프리카의 맹주인 이집트가 한국 무기를 구매하면 아프리카 다른 국가들도 동조해서 살 테니, 이집트를 통해서 아프리카에 진출하라며 설득했다. 하지만 문 대통령은 마지막까지 버티며 치열하게 협상하라고 독려하며 전략가다운 면모를 보였다.*

나는 이집트 순방의 성과로 K9 자주포 수출 계약 타결을 발표하려고 브리핑을 작성해놓았고, 의전팀에서는 기왕이면 현지 공장을 방문해서 계약 체결을 하려고 만반의 준비를 했다. 하지만 '최종 타결을 위해 계속 노력해 나가기로 했다'는 문장으로 아쉬움을 달래야 했다. 언론은 'K9 자주포 수출 계약 불발', '빈손 외교' 등의 제목으로 기사를 낼 게 뻔했지만, 순방 성과에 연연하지 않고 긴 안목으로 국가적인 이익을 우선시한 문 대통령의 뚝심이 돋보이는 순간이었다.

다행히 한국에 도착한 다음 날 방사청장은 K9 자주포 계약을 체결하기 위해 바로 카이로행 비행기를 타야 한다는 낭보를 전해주었다. 방산 수출은 2022년, 2023년 기록을 갱신하며 K방산의 위력을 떨치고 있는데, 문재인 정부에서 기반을 구축해놓았고 그 과실을 윤석열 정부가 누리고 있음을 아는 사람은 다 아는 바이다.

이집트 하면 떠오르는 피라미드, 그중에서도 가장 유명한 기자Giza의 피라미드는 순방단이 묵은 호텔에서 불과 십여 킬로미터 떨어진 곳에 위치한다. 이집트가 가장 자랑스럽게 생각하는 피라미드를 돌아보는 건 일종의 예의로, 이집트를 방문한 외국 정상에게 피라미드는 필수 코스다. 하지만 피라미드에 가게 되면 언론은 피라미드 배경의 사진을 찍어 대통령 순방을 관광, 외유로 낙인찍을 게 뻔했다. 논의 끝에 이집

---

* 대통령실은 2023년 10월 말 윤석열 대통령의 카타르 순방 때 HD현대중공업이 LNG 운반선 17척, 5조 2천억 원의 계약을 체결했다고 순방 성과로 홍보했다. 하지만 이미 9월 말 합의각서를 체결한 사실이 전해지면서 '기업 성과 가로채기', '숟가락 얹기'라는 비판이 나왔다.

트에 결례가 되더라도 대통령은 방문하지 않고, 김정숙 여사가 비공개 방문하는 것으로 결정했다. 순방단은 호텔 창문을 통해 피라미드의 거대한 실루엣을 멀리서 확인하는 것에 만족해야 했다.

마지막 순방 암호명 '샤프란'

마지막 순방의 암호명은 '샤프란'이었다. 향신료의 원료로도 유명한 샤프란은 주로 중동에서 자라기 때문에 붙여진 암호명이다. 샤프란의 꽃말은 '후회 없는 청춘'인데, 후회 없이 전력을 다한 순방 외교의 피날레로 적당한 이름이라는 생각이 들었다.

순방을 다니며 비행기를 꽤나 여러 번 탔지만 기내 엔터테인먼트 영화는 언감생심이었다. 순방을 떠날 때는 자료를 숙지하느라, 돌아올 때는 기진맥진해서 영화를 볼 엄두를 내지 못했다. 그런 가운데 유일하

비행기 창으로 바라본 사우디아라비아의 환송 장면

게 본 영화가 마지막 순방에서 돌아올 때 시청한 〈보디가드Bodyguard〉다. 〈보디가드〉는 케빈 코스트너가 유명 가수 휘트니 휴스턴의 보디가드로 열연을 한 1992년 영화로, 미국 유학 시절에 인상적으로 보았다. 그때도 잘 짜인 플롯과 휘트니 휴스턴의 노래에 압도되었지만, 영화를 다시 보니 청와대 참모도 일종의 대통령 보디가드이기 때문에 깊이 감정이입이 되었다.

케빈 코스트너는 휘트니 휴스턴을 밀착 경호하며 그녀의 안위를 위해 최선을 다하는데, 경호처 직원뿐 아니라 청와대 참모들 역시 마찬가지다. 어떤 상황에서건 대통령의 주변을 살피며 물리적, 정신적 경호를 하기 때문에 영화 속 케빈 코스트너와 동일시할 수 있었다. 마지막 순방을 이 영화로 마무리하며, '문 대통령의 영원한 보디가드'라는 글자를 마음에 새겼다.

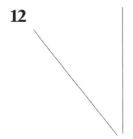

12

해외순방에서 본
협치의 단면

　　　　　유클리드 기하학에서 삼각형과 사각형은 다른 도형이다. 그러나 위상기하학에서 삼각형과 사각형은 모두 단일폐곡선으로 동형이다. 여당과 야당 모두 국민의 안전과 행복, 대한민국의 발전을 지향한다는 측면에서 한마음이지만, 이를 구현하는 철학과 정책이 다르다. 정당이 궁극적으로 추구하는 바는 단일폐곡선으로 같지만, 정책이나 방법론에서는 서로 다른 다각형처럼 차별화된다.

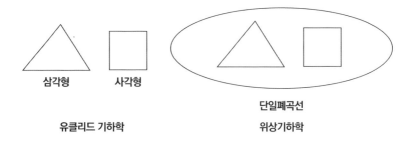

　　　　　　　　　　　　　　　　　　　　　　　　정치비타민

정치의 출발은 서로 다르다는 것에 동의하는agree to disagree 데 있다. 서로 다름을 인정하고 그 간극을 좁혀 나가는 것이 정치의 본질이다. 그러나 대한민국의 정치 현실은 그 반대로 가고 있다. 진영정치와 팬덤 정치가 더욱 심화되고, 거대양당의 극한 대립 속에 정치적 내전 상태에 이르게 되었다. 골목마다 걸린, 상대 당을 저격하는 현수막이 험악한 정치지형을 적나라하게 드러낸다. 정치권이 대립과 반목이 아니라 대화와 타협의 길로 나아가야 한다는 말은 현실과 동떨어진 공허한 클리셰cliche로 들린다. 이와 대비되면서 떠오르는 기억이 해외순방에서 접한 협치의 두 가지 단면이다.

나란히 앉은 메르켈 총리와 숄츠 총리

2021년 10월 31일 G20 정상회의에서 한국은 독일과 양자회담을 했다. 당시 독일의 앙겔라 메르켈 총리가 16년의 집권을 마무리하는 시점이라 G20 계기에 독일과 정상회담을 원하는 국가들이 많았다. G20 정상회의가 열린 로마 누볼라 컨벤션 센터는 양자회담 장소가 부족해서 의전장들은 회담장을 잡기 위해 동분서주했는데, 메르켈 총리와 고별회담을 원하는 국가들로 인기가 높은 독일은 회담장 하나를 전세 내다시피 하면서 여러 정상들과 회담을 이어갔다.

독일과 정상회담을 위해 회담장에 들어서니 메르켈 총리 옆에 차기 총리로 선출된 올라프 숄츠가 앉아 있었다. 숄츠는 당시 부총리겸 재무장관으로, 2021년 9월 총리로 선출되어 12월 취임을 앞두고 있었다. 문 대통령은 "메르켈 총리가 보여준 통합의 정치와 포용적 리더십은

한-독 정상회담하는 문재인 대통령 　　　　　　　　　　　(출처: 연합뉴스)

모든 정치 지도자들에게 모범이 되었다."고 덕담을 하자, 메르켈은 "한국과 독일의 우호관계가 지속되고 계속 발전해 나가기를 바란다."면서 후임자인 숄츠를 소개하고 발언 기회를 주었다. 숄츠는 "함부르크 시장으로 재직하면서 한국에 대해 잘 알게 되었고, 한국과의 관계를 발전시키기 위해 노력하겠다."고 말했다. 회담 중간에도 메르켈은 이 사안에 대해서는 숄츠가 답하는 게 좋겠다며 재차 발언 기회를 주었다. 메르켈 총리는 후임자가 세계 정상들과 긴밀한 관계를 이어갈 수 있도록 끝까지 최선을 다하는 아름다운 뒷모습을 보여주었다.

메르켈은 중도 우파인 기독교민주연합CDU이고 숄츠는 중도 좌파인 사회민주당SPD 출신으로, 두 당은 이념상 양극단은 아닐지라도 노선은 분명히 다르다. 말하자면 메르켈과 숄츠는 여와 야의 관계이지만, 정

　　　　　　　　　　　　　　　　　　　　　　정치비타민

적政敵이 아니라 협력 파트너로 보였다. 현직 총리가 차기 총리와 나란히 앉아 외국 정상들의 인맥을 연결해주는 장면은 독일에서 정권이 바뀌어도 어떻게 정책의 연속성이 보장되는지를 설명하고 있었다. 독일은 다양한 이념적 기반의 정당이 조화롭게 병존하는 다당제 국가로 연정聯政의 역사가 깊은데, 그런 안정적인 정치문화를 보여주는 장면이었다.

준비된 정치인, 노동당 앨버니지 대표

2021년 12월 14일 호주를 국빈 방문한 문재인 대통령은 당시 야당인 노동당의 앤서니 앨버니지 대표를 접견했다. 호주를 방문하는 국빈은 야당 대표를 만나는 전통에 따라 마련된 일정이었다. 현직인 스콧 모리슨 총리는 중도 우파인 자유당 출신이고, 앨버니지 대표는 중도 좌파인 노동당 출신이다.

여당인 자유당과 야당인 노동당은 당연히 정책노선에 차이가 있고, 외교에 있어 자유당은 미국과의 외교를 중시하고, 노동당은 아시아 국가들과의 연대를 강조한다. 당시 모리슨 총리가 이끄는 자유당 정권에서 호주는 쿼드(Quad: 미국·일본·호주·인도 안보협의체)와 오커스(AUKUS: 호주·영국·미국 안보협의체)의 일원으로 미국에 경도된 외교를 펼치고 있었다. 양당이 외교 정책에서부터 차이가 있으니 문 대통령을 만난 앨버니지 대표는 집권 여당을 비판할 법도 한데 전혀 그런 언급은 없었다.

앨버니지 대표는 "노동당은 기후변화를 중요한 이슈로 생각하고 있고, 탄소중립을 위한 신기술 개발과 수소와 재생에너지 등에 큰 관심을 두고 있다."고 했고, 문 대통령은 "노동자의 삶을 보장하고 일자리를 지키며 재생에너지를 추구하는 노동당의 정책은 우리 정부의 생각과 일치한다."면서, "사회적 약자의 편에 선 노동당이 호주의 포용적이고 지속가능한 회복에 큰 역할을 할 것"이라고 말했다. 한부모 가정에서 어렵게 자란 것으로 알려진 앨버니지는 진보적인 어젠다에 관심이 많았다. 앨버니지와의 대화를 듣고 있으니 국정을 운영하는 총리와의 면담인지 야당 대표 접견인지 헷갈릴 정도로 진지한 미래지향적 논의가 이루어졌다.

앨버니지 대표는 제분야에 대한 깊이있는 이해와 책임있는 발언으로 준비된 정치인이라는 점을 보여주었고, 아울러 그가 소속된 노동당이 믿음직한 수권정당이라는 확신을 주었다. 결국 2022년 5월 총선에서 노동당이 이기면서 앨버니지가 총리로 선출되었다.

호주 노동당 앨버니지 대표 접견   (출처: 연합뉴스)

                   정치비타민

야당 대표를 만나지 않는 대통령

윤석열 대통령은 집권 후 1년 반이 넘도록 야당 대표를 만나지 않고 있다. 당선 인사에서 밝힌, 의회와 소통하고 야당과 협치하겠다는 말이 무색하기만 하다. 여소야대 상황을 헤쳐가야 하는 윤석열 정부에게 협치는 선택이 아니라 필수임에도 불구하고 야당 대표를 만나지 않는 건, 이재명 대표 한 명에 대한 비토가 넘어서 그를 지지한 47.83%의 국민을 외면하는 일이다. 이재명 대표가 제안한 영수회담에 대해 국민의힘은 윤 대통령이 피의자와 만나지 않는다는 이유를 들었다. 장모 최은순은 대법원에서 징역 1년을 확정받았고 2009년 검찰 기록에 김건희(김명신) 여사가 피의자로 적시되어 있으니, 윤 대통령이 피의자와 살고 있는 것은 어떻게 설명할지 궁금하다.

독일의 메르켈과 숄츠 총리, 호주의 모리슨과 앨버니지 총리는 삼각형과 사각형처럼 서로 다른 도형이면서도 단일폐곡선의 면모를 보여주었다. 대한민국의 여당은 야당을 눌러야 자신이 산다고 생각하는 것 같은데, 사실 여당이 제대로 역할을 하기 위해서는 건강한 야당이 필요하다. 야당을 국정파트너로 인정하고 존중하는 포용적 리더십을 기대하는 것은 무리일까.

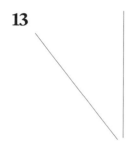

13 일본 총리와의 통화

2021년 10월 15일 문재인 대통령은 기시다 후미오 총리와 전화통화를 했다. 기시다 총리는 10월 4일 총리로 선출되었고, 바이든 대통령과 바로 다음 날 통화를 했는데, 인접국인 우리와는 열흘이나 지나서 통화 날짜가 잡혔다. 두 국가 사이에 시차도 없는데 통화 시간은 공식 근무 시간이 지난 금요일 오후 6시 40분이었다. 통화 날짜나 시간부터 유쾌하지 않은 출발이었다.

취임을 축하하는 통화이니만큼 문 대통령은 "민주주의와 시장경제라는 가치를 공유하는 가장 가까운 이웃 국가로서, 동북아 지역을 넘어 세계 평화와 번영을 위해서도 함께 협력해야 할 동반자라고 생각한다."면서 덕담 모드로 발언을 했다. 그에 반해 기시다 총리는 의례적인 인사 이후 바로 강제징용 문제와 위안부 문제에 대해 발언을 쏟아냈다. 정상 간의 첫 통화에서 이례적으로 강성 발언을 한 것으로, '외교는 말로 하는 전쟁', 혹은 '외교라는 부드러운 벨벳 장갑 속에는 언제나 전쟁

정치비타민

이라는 주먹이 숨어있다'는 말을 실감하는 순간이었다.

문 대통령은 기시다 총리가 꺼내든 현안에 대해 대응을 하지 않을 수 없었다. 문 대통령은 강제징용 문제 관련해서 "1965년 한일 청구권 협정의 적용 범위에 대한 법적 해석에 차이가 있는 문제"라고 했고, 위안부 문제 관련해서는 "피해자 분들이 납득하면서도 외교관계에 지장을 초래하지 않는 해결책을 모색하는 것이 무엇보다 중요하다는 생각이며, 생존해 있는 피해자 할머니가 열세 분이므로 양국이 해결할 수 있는 시간이 많지 않다."라고 했다. 두 사안에 대해 짚어야 할 부분을 완곡한 표현으로 절제해서 언급했다.

가장 힘들게 작성한 브리핑

한일 정상의 통화 후 브리핑 작성은 고난이도 작업이었다. 통화 브리핑을 한국과 일본 어느 쪽에서 먼저 내보내게 될지, 일본은 기시다 총리의 발언을 어느 정도까지 구체적으로 담을지, 두 국가의 브리핑 수위가 달랐을 때 어떻게 대응해야 할지 촉각을 곤두세우다 보니 머리가 복잡했다. 문재인 대통령의 발언은 직접 인용을 했고, 기시다 총리의 발언은 그대로 옮길 수 없어 다음과 같이 중화시켜 표현했다.

기시다 총리는 강제징용 문제와 위안부 문제에 대한 일본의 입장을 설명했고, 양국 정상의 솔직한 의견 교환을 평가하면서, 외교 당국 간 소통과 협의 가속화를 독려하겠다고 말했습니다.

브리핑에 담긴 '솔직한 의견 교환을 평가하면서, 외교 당국간 소통과 협의 가속화를 독려하겠다'는 양국의 입장이 매우 달랐음을 의미하는 외교적 표현이었다. 대변인으로 가장 힘들게 작성한 브리핑이었고, 그래서인지 브리핑을 내보내고 집에 도착하자마자 앓아 누웠다. 청와대 생활 2년 동안 처음이자 마지막으로 몸져 누운 이유의 상당 부분은 마음 속에서 끓어오른 분노 때문이었을 것이다.

대일 외교 참사

문재인 정부에서 대등했던 한일 관계는 윤석열 정부가 들어선 후 굴종적 관계로 전락하기 시작했다. 2023년 3월 한일정상회담은 전 세계 외교사에서 유례를 찾기 힘들 정도로 우리가 완패한 회담이었다. 정상회담의 성과는 흔히 51:49로 비등비등하게 가고, 양국은 서로 51을 가졌다고 주장하는 게임이라고 한다. 정상회담에 실패가 없다는 말이 있는데, 이미 회담 전에 대부분의 사안이 실무진에 의해 조율되고, 회담에서는 정상이 만나서 환담을 나누고 식사를 하며 보기 좋은 그림을 만들어내는 경우가 많기 때문이다.

윤석열 정부는 정상회담에서 일본에 대해 다양한 외교 카드로 밀당하며 협상력을 발휘하기는커녕, 우리가 가진 것을 자진납부했다. 12년 만의 정상회담인데 국빈방문도, 공식방문도 아닌 가장 낮은 급의 실무방문인 것부터 굴욕적이었고, 드라마 〈미스터 션샤인〉의 대사 "빼앗기면 되찾을 수 있으나, 내어주면 되돌릴 수 없습니다."는 통찰처럼 순순히 내주었으니 돌이키기도 어려워졌다. 가해자는 가만히 있는데 피해자가 저자세로 굽히고 들어가 강제징용 피해자에 대한 구상권 청구를 포기했고, WTO 제소 취하, 지소미아(한일군사정보보호협정) 정상화 등 일본에게 선물을 듬뿍 안겼다. 하지만 일본으로부터 강제동원 피해자에 대한 총리의 직접 사과, 진전된 과거사 인식 표명, 적극적 배상 참여, 그 어느 것도 얻어내지 못했다.

2023년 5월 두 달 만에 기시다 총리가 한국을 답방하며 개최된 한일정상회담도 우리가 실익을 취하지 못한 퍼주기 외교였고, 8월에 시작된 후쿠시마 오염수 방류에 대한 윤석열 정부의 대응은 어느 나라 정부인지를 묻지 않을 수 없을 정도로 일본의 이익을 대변하고 있다. 국익 중심 외교가 아니라 국익 훼손 외교를 지켜보는 국민들의 마음은 참담하기 그지없다.

윤석열 대통령의 일본에 대한 인식은 공적 발언에 잘 드러나 있다. 2023년 3·1절 기념사에서는 "세계사의 변화에 제대로 준비하지 못해 국권을 상실하고 고통받았던 과거를 되돌아봐야 한다."고 강변했고, 2023년 4월 〈워싱턴포스트〉와의 인터뷰에서는 "100년 전 일로 일본에 무조건 무릎 꿇으라는 건 받아들일 수 없다."고 했다. 일본 총리의 발언으로도 용납할 수 없는 레전드급 발언이었다. 2023년 광복절 경축사에서는 일본을 "보편적 가치를 공유하고 공동의 이익을 추구하는 파트너"이고 "안보와 경제의 협력 파트너"라고 규정했다. 다른 날도 아니고 일본의 압제로부터 벗어난 날을 기념하는 광복절에 터져 나온 발언이었다.

같은 보수 정권이라도 박근혜 전 대통령은 2015년 광복절 70주년을 맞아 청와대 상춘재 입구에 무궁화나무를 태극기 모양으로 식수했다. 일본으로부터의 해방을 경축하기 위해 태극과 네 개의 괘 모양이 만들어지도록 무궁화나무를 심은 건데, 윤 대통령은 세 분의 민주 정권 대통령까지는 아니더라도 보수 정권 전임 대통령의 행보라도 참고했으면 한다.

외교적 수사

'외교적 수사 diplomatic rhetoric'는 외교 무대에서 사용하는 우회적이고 유화적인 수사법을 일컫는다. 대변인으로 일하며 외교부에서 작성한 문서를 다수 접했는데, 의도적으로 모호하게 표현하는 경우가 있어 단어 하나하나의 의미를 깊이 음미해봐야 그 뜻을 가늠할 수 있었다. 특히 첨예한 이해관계가 얽힌 경우는 직설법보다는 완곡어법과 정제된 표현을 써서 때로는 답답하게 들리기까지 했다. 정상들의 발언과 공동 발표문은 모호 화법인 경우가 있는데, 여백을 두어 추후 다양한 해석이 가능하도록 해야 정치적 운신의 폭이 넓어질 수 있기 때문이다.

한 외교관이 들려준 경험담이다. 외교부 사무관 시절, 자료를 만들면서 support를 '지원'으로 번역했는데, 상사는 일률적으로 '지원'으로 할 게 아니라 문맥에 따라서는 정서적 지지까지 내포하며 보다 포괄적 뉘앙스를 가진 '성원'으로도 번역할 수 있지 않겠냐면서, 섬세함의 부족에 대해 질책을 했다고 한다. 이처럼 단어 선택에 있어서 고심을 해야 하는 게 외교 문서이고 발언이다.

그러나 윤 대통령은 '외교적 수사'가 필요한 상황에서 '원색적 화법'

을 자주 드러낸다. 2023년 1월 UAE의 아크부대를 방문했을 때 "UAE의 적은 이란"이라는 발언으로 이란의 큰 반발을 샀다. UAE는 2022년 이란에 대사를 파견하며 외교 관계를 복원하고 있어 팩트부터 틀렸을 뿐 아니라, 외교에서 금기시되는 '적'이라는 표현을 쓴 것도 부적절하다. 이란 외무부는 "이란과 UAE 관계에 대한 한국 대통령의 발언은 이란이 아랍에미리트를 포함한 걸프 국가들과 친밀한 관계에 있다는 것과 빠르게 진행되는 긍정적인 발전에 대해 그가 전적으로 무지하다는 것을 보여준다."고 직격한 바 있다.

2023년 4월 미국 순방을 앞둔 윤 대통령은 로이터 통신과 인터뷰에서 힘에 의한 대만해협 현상 변경 반대와 같은 불필요한 언급과 우크라이나 무기 지원을 시사하는 발언으로 한반도의 긴장을 고조시켰다. 윤석열 정부의 중국과 러시아 홀대는 역대 최대의 대중국 무역적자를 만들었고 러시아 내 수입차 점유율 1위인 현대차 공장의 철수까지 이어지게 되었다. 2023년 유엔연설에서도 북한과 러시아의 군사 거래는 평화를 겨냥한 도발이라며 대한민국과 동맹국이 좌시하지 않을 것이라는 거친 표현을 동원했다.

문재인 정부에서는 미국과 철통같은 동맹 관계를 강화하면서도 중국, 러시아와의 관계도 긴밀하게 유지하는, 철저하게 국익을 앞세운 '균형외교'를 펼쳤다. 그런데 윤석열 정부에서는 '가치외교', '동맹외교'를 앞세우며 미국, 일본과의 외교에만 천착하고 있다. 2023년 4월 미국 정보기관이 한국 국가안보실을 도청하고 있다는 정황이 드러났는데 윤석열 정부는 가짜뉴스라고 하다가 도청이 사실이라고 밝혀지자

'선의적 도청'이고 한-미 동맹을 흔들 만한 사안은 아니라며 미국을 감쌌다. 미국 정보기관의 한국 안보실 도청은 협상의 지렛대로 사용할 수 있는 카드인데, 상대국이 요구도 하기 전에 선의의 도청이라며 방어막을 친 것이다. 미국에 대해 진상 규명과 재발 방지 요구가 없었음은 물론이다.

윤석열 대통령은 2023년 9월 인도, 10월에는 사우디아라비아와 정상회담을 했다. 인도는 쿼드Quad에 참여하며 친미, 친서방 노선을 따르면서도, 유라시아 국가 모임인 상하이협력기구SCO의 정회원으로 중국과 러시아와의 관계도 관리하고 있다. 사우디아라비아 역시 석유를 기반으로 미국 이외에 중국과 러시아를 선택지로 두고 유연한 외교를 펼치고 있다. 윤 대통령이 양 진영 사이를 오가며 광폭외교를 보이는 모디 총리와 무함마드 빈 살만 왕세자의 국익 위주 실용외교를 배웠으면 한다. 물론 더 좋은 모범사례는 문재인 정부의 외교일 것이다.

4장

청와대의 식물

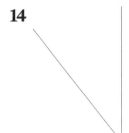

14 대통령의
나무 사랑

　　　　　　청와대 직원들에게 최고의 복지는 녹지원, 대정원, 소정원 등을 산책하는 일이다. 청와대 업무의 중압감을 잠시 내려놓고 정원을 걸으며 식물과 대화를 나누는 게 큰 낙이었다. 심신이 피폐해질 때 숲길을 걸으면 싱그러운 초록 에너지를 수혈 받을 수 있었다. 청와대의 나무와 풀이 계절에 따라 변화하는 것은 물론이거니와, 같은 날이라도 경내를 도는 게 시계 방향이냐 반시계 방향이냐에 따라, 오전과 오후 햇살의 방향에 따라 각기 다른 산수화를 만들어냈다.

　　청와대 직원들은 정원 덕분에, 또 나무와 풀과 꽃에 조예가 깊은 대통령 덕분에 식물의 세계에 입문한 경우가 많았고 나도 예외는 아니었다. 거기서 한 걸음 더 나아가 식물을 체계적으로 공부해 숲 해설사가 되는 꿈을 갖기도 했다. 언젠가 나의 그런 계획을 대통령께 이야기할 기회가 있었는데, 숲 해설사는 참여정부 때 문 대통령의 주도하에 만들어졌다고 한다.

　　　　　　　　　　　　　　　　　　　　　　　정치비타민

평산마을에서 대통령과 함께한 청와대 참모진

대통령은 2021년 한 대담에서 "제가 인생을 다시 산다면 정말로 나무를 전문으로 삼거나, 또는 농사를 지으며 자유롭게 살고 싶다"고 언급한 바 있다. 대통령은 퇴임 후 그런 바람에 충실하게 지내고 계시다. 나는 청와대 마지막 참모들과 평산마을을 몇 차례 방문했는데, 대통령은 2022년 6월에는 메밀 파종, 2023년 1월에는 돼지감자 수확, 2023년 7월에는 인삼 심은 것을 자랑하며, 자연에 동화된 농부의 모습을 보여주었다.

문 대통령은 국정을 논하는 자리에서 진지하고 심각한 표정이지만, 대화의 주제가 식물로 옮겨가면 이내 표정이 밝아졌다. '식물집사'인 대통령이 녹지원을 걸으며 나무와 풀과 꽃 이야기를 할 때면 밝은 표정과 맑은 미소가 투명한 햇살에 부딪혀 반짝였다.

복수초와 만병초

문 대통령은 청와대 참모들과 산책하며 나무와 풀과 꽃의 이름을 묻고 설명을 해주곤 했다. 2022년 2월, 문 대통령은 상춘재에서 집무실이 있는 여민1관까지 걸어가며, 복수초와 만병초에 대해 설명해주었다.

"노란색 꽃이 핀 이 풀의 이름이 복수초예요. 녹지원에서 가장 봄을 먼저 알리는 꽃인데, 복수초의 한자는 복수復讐가 아니라 복과 장수라는 의미에서 복수福壽예요."

"이건 만병초인데, 이름 그대로 만 가지 병을 고친다고 해서 붙여진 이름이에요. 그런데 만병초가 백두산에도 있더군요. 2018년 김정은 위원장과 함께 백두산 올랐을 당시 리설주 여사가 백두산은 7~8월이 제일 좋은데 그때 만병초가 만발한다고 했어요."

대통령은 겨울의 끝에 봄을 예견하며 밝게 피어난 복수초와 흩날리는 눈발에도 잎을 달고 있는 만병초에 대한 해설을 이어갔다. 산책을 즐겨하던 나는 그렇지 않아도 눈을 녹이며 피는 노란 복수초가 녹지원에 제일 먼저 등장하는 꽃이라 경이로움을 가지고 관찰하고 있었다. 또한 겨울에도 초록을 유지하는 만병초를 기특한 마음으로 지켜보고 있었다. 만병초는 시린 겨울, 체온을 빼앗기지 않으려고 한껏 웅크리는 동물처럼 잎을 말고 있는데, 낮은 기온에 대한 노출을 줄이려는 나름의 생존 방식이다. 그런데 봄이 되면 말았던 잎을 펴고, 여름이 오면 깔때기 모양의 꽃을 소담스럽게 피운다.

정치비타민

청와대의 만병초

은행나무와 모감주나무

2021년 식목일 문재인 대통령은 백악정으로 올라가는 쉼터에 스물한 살 은행나무를 심었다. 그해 11월 헝가리를 국빈 방문한 문 대통령은 2019년 발생한 부다페스트 유람선 사고 희생자의 추모 공간을 찾아 헌화하고 추모목으로 은행나무를 식수했다. 당시 문 대통령은 "은행나무는 아주 장수하는 나무이고 뿐만 아니라 조금 더 지나면 굉장히 아름드리 나무로 자라게 됩니다. 잎도 굉장히 많이 달리게 되고 열매도 풍성합니다. 양국 관계도 그렇게 발전해 나가기를 바랍니다."고 말했다. 이후 다른 자리에서 문 대통령은 은행나무가 인류가 태어나기도 전인 수억 년 전부터 존재했고 혹독한 빙하기에도 살아남았다는 점을 언급했다.

나는 기회다 싶어서 은행나무에 대해 찾아보았던 알량한 지식을 이야기했다.

"생물의 분류체계에서 은행나무는 식물계 – 은행나무문 – 은행나무강 – 은행나무목 – 은행나무과 – 은행나무속 – 은행나무종으로, '계'이하 '문강목과속종'이 모두 은행나무인 유일한 경우입니다. 계통상 인접한 다른 식물들이 모두 멸종하고 은행나무만 살아남았음을 짐작할 수 있는 대목입니다.

은행나무의 또 다른 특징은 침엽수, 활엽수와 관련된 것입니다. 침엽수는 겉씨식물이고 활엽수는 속씨식물인데, 애매한 게 은행나무입니다. 은행나무는 잎의 모양상 활엽수인데 겉씨식물이기 때문에, 은행나무가 침엽수인지 활엽수인지 논란이 있어 왔고, 국립수목원에서는 이를 주제로 국제 심포지엄을 개최한 적도 있습니다. 은행나무 잎을 자세히 들여다보면 침엽들을 부채살처럼 이어 붙인 모양인데, 그로 인해 침엽수라는 주장이 설득력을 갖기도 합니다."

식물에 대해 해박하고 조예가 깊은 대통령 앞에서 은행나무에 대한 어설픈 지식을 펼친 건데, 대통령은 고개를 끄덕이며 경청해주셨다. 대통령에게 새로운 정보였는지 이미 알고 있는 내용인데 흥미롭다는 리액션을 보여준 것인지 아직도 알 수는 없다.

문재인 대통령의 최애 나무 중의 하나가 모감주나무다. 2022년 임기 중 마지막 식목일, 문 대통령은 19대 대통령이라는 점을 반영해 19살

모감주나무를 녹지원에 심었다. 식수 후 모감주나무는 열매로 염주를 만들기 때문에 염주나무라고도 한다는 설명을 빼놓지 않았다. 청와대 요소요소에 모감주나무가 많은데, 다른 계절에는 눈에 잘 띄지 않지만 여름에 황금색 꽃이 필 때면 그 존재를 화려하게 드러낸다.

모감주나무는 2018년 9월 역사적인 평양 방문에도 등장한다. 남북 정상회담을 위해 방북했던 문 대통령은 한국에서 가져간 모감주나무를 평양 백화원 영빈관 정원에 심었다. 당시 문 대통령은 "모감주나무의 나무 말은 '번영'으로, 이 나무가 정말 무럭무럭 자라고, 꽃도 무성하게 피고, 또 풍성한 결실도 맺고, 그것이 남북관계 발전에 함께할 수 있기를 바란다."고 말했다.

김대중 대통령의 느티나무와 노무현 대통령의 서어나무

2020년 북악산 북측면에 이어 2022년 4월 남측면이 개방되면서, 북악산 전체가 시민 품으로 돌아갔다. 전면 개방을 앞두고 대통령은 삼청공원에서 시작해서 청와대로 돌아오는 산행을 했다. 백악정에서 이르자 문 대통령은 김대중 대통령과 노무현 대통령이 기념식수한 나무에 대해 설명을 했다.

"노무현 대통령은 느티나무를 참 좋아하셨어요. 그래서 대통령 기념식수로 느티나무를 심으실 것이라 생각했는데 예상외로 서어나무를 선택하셨어요. 느티나무는 가지가 많이 뻗어나가는 수종이기 때문에 노무현 대통령이 느티나무를 심게 되면 자라면서 김대중

노무현 대통령의 서어나무　　　　　　김대중 대통령의 느티나무

　　　　　　　　　　　　　　　　정치비타민

대통령의 느티나무와 엉키게 될 것을 염려해 일부러 서어나무를 심으신 거죠."

　백악정 좌우에 느티나무가 대칭을 이루면서 자라도 좋았겠지만, 수종이 다른 두 나무가 어우러지는 것도 보기가 좋다. 노무현 대통령은 선배 대통령으로 여러 면에서 큰 족적을 남긴 김대중 대통령의 느티나무가 무성하게 뻗어나가게 하고, 그 옆에서 서어나무가 겸손하게 자라도록 함으로써 김대중 대통령에 대한 오마주를 표현하고 싶었던 것 같다.
　문 대통령은 노무현 대통령이 왜 서어나무를 선택했는지 설명하지는 않았지만 나름대로 그 이유를 추론해보았다. 서어나무는 눈에 잘 띄지는 않지만 주위에 의외로 많이 분포해, 서민들 가까이에서 말없이 지켜주던 나무라는 점에서 노 대통령이 매력을 느끼지 않았을까 싶다. 숲을 인위적으로 가꾸지 않고 두었을 때 가장 마지막까지 남아 숲을 덮게 되는 안정된 산림 군락을 극상림이라고 하는데, 서어나무는 우리나라 극상림을 지키는 경우가 많다. 한편 서어나무는 세계적으로 수십 종이 알려져 있는데 우리나라가 그 분포의 중심이라는 점도 선택의 배경일 것 같다.

국립수목원의 금강송

　문재인 대통령은 2022년 4월 22일 '지구의 날'을 맞아 국립수목원에 금강송을 심었다. 식수가 끝난 후 문 대통령은 노무현 대통령의 주목을 보고 가자고 즉석에서 제안을 했다. 문 대통령은 참여정부의 비

문재인 대통령의 금강송   노무현 대통령의 주목

서실장으로 수종의 선택 과정을 자세히 기억하고 있었다. "노무현 대통령이 느티나무를 좋아하셔서 1순위로 했어요. 그런데 느티나무는 넓게 퍼지니까 공간이 넉넉해야 되는데 그 넓이가 안 된다고 해서 고심 끝에 공간에 맞춰서 주목으로 정했어요."라고 설명했다. 주목은 살아서 천년, 죽어서 천년이라는 나무인데, 우리 국민들 마음에 오래도록 살아 숨 쉬도록 그렇게 생명력이 긴 주목을 선택하셨구나 하는 생각이 들었다.

문 대통령은 김대중 대통령이 식수한 금강송도 둘러보았다. 수종이 금강송으로 일치하기에 문 대통령은 "오늘 심은 나무가 조금 자라면 짝을 이루겠다. 원래 나무가 좀 짝을 이뤄야 좋다."고 했다. 김정숙 여사가 "언제 자라겠냐?"고 하자 문 대통령은 "30여 년 후에는."이라고 답했다. 30년 후에는 김대중 대통령과 문재인 대통령이 짝을 이루며, 민주주의 발전과 평화의 기틀을 마련한 대통령으로 우뚝 서있게 될 것이라는 점을 나무를 통해 은유하는 듯했다. 식수목을 둘러보며 나눈 대화에서 민주당 출신 세 분 대통령의 서사가 들려오는 것 같았다.

종자은행과 남북 정상 친서

문 대통령은 이어서 국립수목원의 종자은행을 둘러보았다. 종자은행이 우리나라 자생식물을 만 점 넘게 보존하고 있다는 설명을 들으며, 나는 그날 아침에 공개된 남북한 친서를 떠올렸다. 문재인 대통령은 친서에서 "아쉬운 순간들이 벅찬 기억과 함께 교차하지만, 그래도 김정은 국무위원장과 손잡고 한반도 운명을 바꿀 확실한 한 걸음을 내디뎠다고 생각한다."고 했다. 김정은 국무위원장은 친서에서 평화와 번영을 위해 함께했던 나날들이 감회 깊이 회고되었다며, 우리가 희망하였던 곳까지는 이르지 못했지만 남북관계의 이정표로 될 역사적인 선언들과 합의들을 내놓았고, 이는 지울 수 없는 성과라고 평가했다.

2018년 화양연화花樣年華였던 남북관계가 2019년 하노이 노딜 이후 점차 냉각되어 갔지만, 남북관계의 씨앗을 틔우게 될 종자를 종자은행에 보관하며 정권을 넘겨주는 게 아닐까 하는 생각이 들었다. 물론 윤석열 정부에서 그 종자를 꺼내 싹을 틔우는 노력을 할지에 대해서는 당시에도 암담한 예상이 앞섰다.

국립수목원에서 문 대통령 내외는 행복해 보였다. 그날 국립수목원이 대통령에게 증정한《Seed Atlas of Korea 한국의 야생식물 종자도감》를 주말 내내 탐독하셨을 거라는 예측을 어렵지 않게 할 수 있었다. 그날 국립수목원에서 펼쳐진 상황과 대화는 문재인 정부라는 영화의 아스라한 엔딩 장면 같았다.

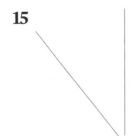

15 청와대의 식물 단상

청와대 참모들에게 힘들지 않은 시기가 언제 있으랴마는, 2021년 여름도 국내외의 상황이 녹록치 않았다. 코로나19 백신 수급이 원활하지 않았고 접종률이 생각만큼 빠르게 올라가지 않은 상태에서 확진자는 계속 늘고 있었다. 게다가 한미연합훈련을 비판하는 북한의 공격적인 담화가 발표되어, 북한이 도발이라도 하지 않을까 걱정이 컸다. 그 시기에 눈에 들어온 게 배롱나무 꽃이었다. 청와대 본관과 대통령 집무실인 여민관 입구에는 건장한 배롱나무가 파수꾼처럼 지키고 있다. 하루에도 몇 번씩 마주치게 되는 배롱나무 꽃을 보며, 한여름 뙤약볕에도 지치지 않고 꽃을 피우는 저 나무처럼 어려운 시기를 잘 지켜내야지 하는 결의를 다지곤 했다.

배롱나무

백일홍을 소리나는 대로 적으면 '배기롱', 빨리 발음하다 보면 '배

청와대 본관 입구의 배롱나무

롱', 그래서 배롱나무가 되었다고 하는데, 배롱나무 꽃을 일년초 백일
홍과 구분하기 위해 목백일홍木百日紅이라고 부른다. 한여름 내내 이름
처럼 100일 가까이 붉은 꽃을 피워내는 목백일홍은 하나의 꽃이 아니
라 수많은 작은 꽃들이 어우러져 꽃 무리를 이루고 있다. 화무십일홍
花無十日紅이라고 목백일홍도 예외일 수는 없겠지만, 꽃이 지면 또 다른
꽃이 피어 올라 개화 상태를 지속하는 것으로 보인다. 목백일홍처럼 청
와대 참모 중에 누군가는 지치기도 하겠지만 또 다른 참모가 교대로
힘을 내어 문재인 정부를 지켜야 한다는 생각이 들었다.

　김제 금산사에 지천으로 피어있던 배롱나무 꽃도 인상적이었다. 문
대통령은 2021년 7월 23일, 불교계 큰 어른 월주스님의 빈소를 찾았
다. 김제까지는 상당한 거리였지만, 대통령은 민주화운동을 지원한 월

　　　　　　　　　　　　　　　　　　　　　　정치비타민

대전 현충원 배롱나무

주스님과 인연이 깊었기에 갑자기 조문 일정을 잡게 되었다. 대통령은 이와 관련해서 "월주스님은 늘 우리와 함께하셨다. 5·18 광주민주화운동과 관련해 어려움을 당하시고, 2000년대 들어 김수환 추기경, 강원용 목사와 함께 많은 사회활동을 해오셨다. 다른 두 분이 이미 고인이 되었으니, 민주화운동을 든든하게 지원하던 종교계의 세 별이 모두 지게 되었다."고 허전한 마음을 표했다. 한참 물이 올라있는 배롱나무 꽃의 선연한 빛깔이 서럽게 다가왔다.

그 해 여름, 또 다시 배롱나무를 인상적으로 만난 건 대전현충원 홍범도 장군의 묘역에서다. 2021년 광복절, 카자흐스탄에 안장되어 있던 홍범도 장군의 유해를 모셔와 봉오동 전투와 청산리 전투의 애국지사들이 잠든 대전현충원에 안장했다. 그 옆을 지키고 있는 게 배롱나무였다. 한여름 땡볕에도 굴하지 않는 배롱나무 꽃에서 꿋꿋한 기개로 독립운동을 했던 애국지사들을 떠올렸다.

녹지원의 사계

녹지원의 봄은 극적이다. 하루하루 달라지는 게 보인다. 태양에너지가 이런 마술같은 변화를 만들어내는구나 감동하며 변화를 지켜본다. 죽은 것 같은 가지에서 여린 연두가 비집고 나오고, 수줍은 꽃망울이 다음 날 보면 벌써 만개해 있기도 하다. 녹지원에 고즈넉이 자리잡고 있는 한옥 상춘재常春齋에는 항상 봄이라는 이름에 걸맞게 유독 봄꽃이 많다. 4월 초 상춘재에는 목련, 매화, 진달래, 산수유, 동백꽃이 모두 한판에 피어있는 진귀한 풍경을 선사한다. 이 중에서 각별한 느낌으로 다가오는 건 문 대통령이 2019년 식목일을 기념해 식수한 동백나무다. 동백나무는 한겨울 눈 속에서 꽃을 피우기 시작해 4월까지도 꽃을 달고 있다. 동백꽃은 꽃잎을 고스란히 간직하다가 통꽃으로 톡 떨어지는데, 세상과 작별하듯 선혈의 꽃잎을 떨구는 처연함이 있다. 제주 4·3의 영혼들이 붉은 동백꽃처럼 차가운 땅에 서럽게 스러져갔다는 의미에서 동백꽃은 제주 4·3의 상징이 되었다. 제주 4·3에 대한 마음이 남달랐던 대통령이 동백나무를 식수한 건, 상춘재 마당에 제주 4·3의 영혼들을 모시고 싶었던 게 아닐까 싶다.

녹지원의 여름은 축제다. 나무와 꽃뿐 아니라 벌레와 곤충까지 생명이라고 하는 것들이 모조리 뛰쳐나와 시끌벅적한 축제를 벌인다. 햇살을 받아 광합성을 하면 이렇게 놀라운 일이 벌어지는구나 싶다. 베토

2019년 식목일을 기념해 식수한 동백나무

벤의 마지막 교향곡 '합창'에는 오케스트라뿐 아니라 인간의 목소리가 더해져서 웅장함이 배가 되는데, 여름의 녹지원을 걸으면 '합창교향곡'의 클라이맥스가 들리는 공감각적 경험을 하게 된다.

녹지원의 가을은 작품이다. 농익은 노랑과 붉은 색조로 채색되는 가을은 대한민국 어디를 가도 아름답지만, 녹지원의 단풍에는 특별함이 있다. 꽃들은 순서를 이루며 피기에 봄은 '점점' 오고, 단풍은 짧은 기간에 확 들어버리기에 가을은 '문득' 온다. 클래식 음악에서 한두 악기가 멜로디를 연주하는 부분이 시기를 달리하며 피는 봄꽃 같다면, 여러 악기가 하모니를 이루는 부분은 한판에 물들어버리는 가을단풍 같다.

녹지원의 겨울은 가능성이다. 나뭇잎이 무성하고 꽃이 화려할 때는 나무 각각의 자태가 도드라지지만, 겨울에는 빈 가지로 비슷한 형태를 띠면서 평준화된다. 그러나 역설적으로 겨울은 나무에 대한 상상력을 발휘할 수 있는 계절이기도 하다. 겨울나무를 보면 봄, 여름, 가을의 나무 모습이 가슴 속에 그려진다. 큰 가능성을 품고 있는 임산부를 보는 듯하다. 빈 가지에서 기적같이 여릿여릿한 새순이 나오고, 축복 같은 꽃들이 만발하고, 늠름한 청년 같은 여름을 지내고, 찬연한 가을 단풍의 모습까지 연속된 동영상으로 지나간다. 겨울나무뿐 아니라 겨울 자체가 찬란한 봄과 여름과 가을을 잉태하고 있는지도 모른다.

마지막 산책

익숙한 것과 헤어지는 계절은 졸업식이 있는 겨울인 경우가 많은데, 청와대를 떠나는 시기는 생명력이 왕성한 5월이었다. 찬란한 태양과 화려한 나무와 꽃들이 함께 하는 아름다운 계절에 받아들여야 하는 이별이라 더욱 서글펐다. 차라리 황량한 계절이었으면 쓸쓸한 마음과 풍경이 함께 가는데, 마음은 겨울이고 계절은 생기발랄한 시절이니 더욱 부조리하게 느껴졌다.

청와대를 떠나기 전, 정원을 마지막으로 산책하며 'eternal moment'를 생각했다. 영원하다는 'eternal'과 짧은 순간이라는 'moment'는 일면 모순적으로 들리지만 매우 어울리는 조합이기도 하다. 〈The eternal moment〉라는 노래의 한글 타이틀은 〈찰나가 영원이 될 때〉였다. 문재인 정부의 청와대 정원을 산책하는 이 찰나가 그대로 멈추어 영원하기를 바랐다.

청와대의 봄이 시작되면 산수유와 생강나무와 개나리의 노란색 꽃이 주류이다가, 진달래와 철쭉과 영산홍, 복사꽃과 자두꽃과 앵두꽃으로 넘어가면서 분홍색 꽃이 대세를 이루다가, 이팝나무와 아카시나무와 불두화의 흰색 꽃이 만발한다. 마지막 산책 날, 분홍색 꽃들은 차분해져 있었고, 흰색 꽃들이 절정을 이루고 있었다.

정원을 산책하며 매일 대화를 나누었던 나무들에게 다가가 그간 위안을 주어서 고맙다고 하나하나 고별인사를 했다. 본관 출입구 좌우에서 수호목 역할을 해주는 배롱나무와 모과나무와 무궁화에게 너희 덕분에 든든했다고, 공작을 닮은 공작단풍에게 기품있고 고고한 자태에 반했다고 속삭여주었다. 소정원의 느티나무 연리목連理木에게 뿌리가 다른 나무의 줄기가 이어져 한 나무로 자라는 기적 같은 화합이 한국 정치에서 일어날 수 있을지 물어보았다. 수궁터의 매화나무에게 고상

함과 수수함과 화려함을 함께 지닌 꽃을 보며 왜 매화가 동양화의 주인공으로 등극했는지 수긍하게 되었다고, 고려 충렬왕 때부터 한자리를 지킨 청와대 최고령 나무인 주목에게 몸체가 비틀리면서도 기적적으로 생존해 있는 생명력에서 기운을 얻곤 했다고 말해주었다.

화살 모양의 코르크가 특징적인 화살나무에게 앞으로도 단풍나무를 능가하는 압도적인 붉은 단풍을 보여달라고 부탁했다. 하트모양의 잎을 가진 계수나무에게 '계수나무 한 나무 토끼 한 마리'라는 동요 가사를 떠올리며 동심을 일깨워주어 고마웠다고, 오리나무는 5리에 한 그루씩 이정표가 되는 나무라 붙여진 이름인데, 그걸 모르고 동물 오리와 어떤 면에서 닮았는지 관찰했었다고 고백했다. 상춘재 앞의 백송白松에게는 헌법재판소나 조계사의 백송이 더 오래되고 유명하지만, 네가 더 멋지다고 다정하게 이야기해주었다. 위로 쭉쭉 뻗은 키다리 백합나무에게는 꽃이 튤립과 닮아 튤립나무라고도 불리니 팻말을 튤립나무로 고쳐 달았으면 좋겠다고 말했다.

조팝나무는 꽃이 조밥과 같이 보인다 해서 붙여진 이름으로, 선조들은 먹고 사는 게 급선무여서 밥을 중심으로 조어했다는 생각에 짠했다고 말했다. 사과나무에게 다가가 나무 줄기나 가지에 비해 주렁주렁 많은 사과가 열려서 무척 힘겨워 보였고, 다산多産을 하고 자식들에게 한없는 희생을 하는 이 땅의 어머니들을 보는 듯했다고 말했다. 사과나무뿐 아니라 다른 과실수에서도 '아낌없이 주는 나무'를 떠올렸다고 했다. 열매가 딸기와 비슷해서 이름이 붙여진 산딸나무는 한창 흰꽃(실제로는 헛꽃)을 피워내고 있었다. 산딸나무는 네 장의 꽃잎이 직각으로 배

치되어 산딸나무 옆을 지날 때면 수많은 십자가를 만나는 것 같아 기도하는 마음을 갖곤 했다고 말했다.

박태기나무에게 마치 플라스틱 구슬과도 같은 진분홍색의 꽃이 처음에는 인조미인을 보는 느낌이라 정이 가지 않았지만 역시 친해지니 소박하게 보였고, 꽃이 밥알 같아 박태기라고 했다는 작명도 구수해서 좋아하게 되었다고 말했다. 벚나무는 구름같이 피어오르는 꽃과 한순간 사라져버리는 낙화로 주목을 받을 뿐 아니라 벚꽃 엔딩 후 여름 버찌와 가을 단풍도 곱고 겨울의 빈 줄기마저도 멋져 일년 내내 리즈시절인 것 같다고, 그래서 나무의 셀럽을 보는 느낌이었다고 말했다.

참나무는 한반도의 생존경쟁에서 우위를 차지한 숲의 우세종으로 청와대도 예외는 아니다. 참나무 형제 중 청와대에 가장 흔한 건 상수리나무이고 굴참나무, 갈참나무, 졸참나무도 많은데, 참나무들을 볼 때마다 건전한 상식을 지닌, 평범하지만 위대한 국민을 보는 것 같았다고 소회를 털어놓았다. 팥배나무에게 사계절을 관찰해보니 열매는 팥 같고 꽃은 배나무와 비슷해 붙여진 이름에 십분 동의하게 되었다고 말해주었다. 미선나무에게는 세계 어디에도 없이 우리 강산에만 자라주어 고맙고, 미선尾扇이라는 이름을 가져온 둥근 부채 모양의 열매를 마침내 확인했을 때 행복했다고 속삭였다.

마지막 산책 날, 아카시나무는 포도송이처럼 달린 꽃송이들이 달콤한 향기를 품어 내며 최절정의 순간을 구가하고 있었다. 아카시나무는 금세 뿌리를 내리고 강한 생명력을 갖기 때문에 일본이 땔감 확보를 위해 한반도 전역에 심었다는 역사적 사실을 접하고는 아카시나무를 몹쓸 나무로 생각했었다고 고백했다. 하지만 자주 보며 정이 들게 되면서 '동구밖 과수원길 아카시아 꽃이 활짝 폈네'라는 노래 가사처럼 아카시나무를 낭만적으로 받아들이게 되었으니 서운해하지 말라고 했다.

꽃을 분류하는 기준 중의 하나는 목련, 개나리, 진달래, 벚꽃과 같이 잎보다 빨리 꽃을 피우느냐, 이팝나무, 칠엽수, 밤나무와 같이 잎이 무성해진 후 꽃을 피우느냐이다. 언제부터인가 산책을 하며 '너는 꽃 먼저', '너는 잎 먼저', 이렇게 분류하며 걸었는데, 식물의 자세한 특성은 도외시하고 직관적인 기준을 적용해서 단순하게 범주화한 게 일면 미안했다는 이야기도 했다.

녹지원의 230살 회화나무에게 다가가 검정에 가까운 줄기와 가지가 겨울 풍경과 잘 어울리고, 눈이라도 내리면 흑백이 어우러져 더욱 멋졌다고 칭찬해주었다. 19세기부터 역사의 질곡과 영광의 순간들을 모두 지켜보았으니 앞으로도 수호목이 되어달라고 당부했다. 청와대 정문 양옆에 도열해 있는 반송盤松에게 다가가 둥그스름한 소반 모양이 정겹게 느껴졌고, 대통령 차량이 그 길을 지날 때면 마치 반송들의 사열을 받는 듯했다고 말했다. 반송의 여러 갈래 줄기가 결국 하나의 뿌리에서 비롯된 것과 갈라진 남북이 하나의 근원이라는 점 때문에 4·27 남북정상회담 때 판문점에 반송을 식수했는데, 여러 갈래의 정당들도 국민을 위한다는 하나의 뿌리임을 기억하면 좋겠다는 소망을 털어놓았다.

국회의 박경미

국회는 다양한 의견을 가진 사람들의

대의기관이므로 이견으로 인한 갈등은 필연적이다.

갈등은 칡을 뜻하는 갈葛과 등나무를 뜻하는 등藤의 조합으로,

칡과 등나무는 휘감고 올라가는 방향이 반대이기 때문에 뒤엉키게 된다.

자연생태계에서 칡과 등나무가 모두 필요한 것처럼,

다원화된 사회에서 다양한 목소리가 필요하다.

갈등이 대립으로 끝나지 않고, 갈등의 원인이 된 서로 다른 의견을

용광로처럼 녹여내며 건강한 통합으로 이끄는 것이 국회의 책무일 것이다.

5장

정치와 외교

01 | 대학에서 국회로

      최근 생성형 인공지능인 챗GPT와 바드^{Bard}에 관심이 집중되면서 알파고는 벌써 추억의 개념이 되어버린 듯하지만, 20대 국회의원 공천이 이루어지던 2016년 3월, 대한민국의 최대 관심사는 이세돌을 이긴 알파고였다. 인간 지능의 마지막 보루로 여겨졌던 바둑에서 인간이 AI에 패했다는 것은 큰 충격이었고, 다가오는 AI 시대에 어떻게 대응할지가 초미의 관심사였다.

    이 고민은 총선을 앞둔 정당에 고스란히 전해져, 각 당은 시대적 수요를 반영해 이공계 여성을 비례대표 1번으로 공천했다. 더불어민주당은 대학교수(홍익대)인 나를, 새누리당은 산업계(KT) 출신의 송희경 의원을, 국민의당은 국책연구원(한국표준과학연구원) 출신의 신용현 의원을 비례대표 1번으로 했다. 세 정당은 미리 상의라도 한 듯 산학연^{産學研}을 균형 있게 배치한 것이다.

    수학을 배경으로 하고 교사와 교수 경력을 지닌 교육전문가로 영입

국회의원연구단체 시상식에서 함께한 세 명의 비례대표 1번 의원들

된 나는 비례대표 1번으로 국회 입성해, 상임위로 교육문화체육관광위원회(전반기)와 교육위원회(후반기), 겸임상임위로 운영위원회와 여성가족위원회에서 의정활동을 했다.

4차 산업혁명 포럼

국회의원들은 의정활동을 하며 다양한 분야의 공부를 하는데 그 중요한 경로가 연구단체다. 의원들은 관심 분야별로 연구단체를 구성해 전문가 강의를 듣고 토론하며 정책을 제안하고 입법 활동을 한다. 과학기술계 여성이라는 면에서 공통점을 지닌 세 명의 비례대표 1번 의원은 '4차 산업혁명 포럼'을 구성해 공동대표를 맡았다. 4차 산업혁명 시대를 대비하는 다양한 강연과 토론회를 펼치고 현장 방문을 한 '4차 산업혁명 포럼'은 20대 국회에서 가장 활발한 연구단체 중의 하나로 평가받았다.

우리 포럼은 4차 산업혁명 분야 전문가들의 강연을 제공하고 아이디어를 모으는 '퓨처스 아카데미'를 운영했다. 아카데미의 주제는 ICBM*, DNA**, 자율주행차, 바이오산업, 스타트업 육성 방안, 국가 기초과학 및 R&D 혁신을 위한 거버넌스 체제, 4차 산업혁명 시대에 필요한 창의융합형 인재 양성 방안 등 다양했고, 국회의원과 국회 직원뿐 아니라 외부인들도 다수 등록하고 참여했다.

우리 포럼은 4차 산업혁명의 주창자이자, 다보스포럼을 통해 4차 산업혁명을 세계적 담론의 중심에 올려놓은 세계경제포럼^{WEF} 클라우스 슈밥$^{Klaus\ Schwab}$ 회장을 초청해서 강연회를 가졌다. 이후에도 인연은 계속되어, 2018년 슈밥 회장은 세 명의 의원을 스위스 제네바 세계경제포럼에 초청해 국회 '4차 산업혁명 포럼'과 '세계경제포럼'의 협력 방안을 논의했다.

세 명의 의원은 국회 특위인 '4차 산업혁명 특별위원회'에 참여하고 4차 산업혁명과 관련된 입법을 함께하며 여야 협치의 상징으로 자리 잡았고, 20대 국회가 끝나고 각자의 자리로 돌아간 후에도 만남과 교류를 이어가고 있다.

---

* 대륙간 탄도미사일 ICBM(Inter-Continental Ballistic Missile)이 초강력 무기인 것처럼, 4차 산업혁명의 ICBM(IoT, Cloud, Big data, Mobile)은 미래 먹거리와 일자리를 창출해서 성장의 동력을 제공한다.

** 생명체의 핵심이 DNA인 것처럼 혁신성장의 동력을 제공할 유전자는 DNA(Data, Network, AI)라고 할 수 있다.

정치비타민

4차 산업혁명 포럼에서 강의하는 슈밥

스위스 제네바 세계경제포럼 방문

'박경미TV'

요즘 정치인의 유튜브가 대세이지만 2019년 비교적 이른 시기에 '박경미TV'를 개설했다. '박경미TV'를 통해 의정활동을 소개하고 정치적인 메시지도 전파했지만, 수학이 얼마큼 쓸모 있는 학문인지, 우리가 미처 생각하지 못한 분야에서 얼마나 유용하게 활용되는지를 설명하는 동영상을 올렸다.

'박경미TV'의 수학 동영상 썸네일
https://www.youtube.com/@TV-wq7jj/videos

수학을 친근하게 소개하는 수학전도사 동영상으로 '고스톱으로 수학을 배운다'에서는 고스톱 치는 상황에서 방정식을 소개했고, '축구공 너의 정체는'에서는 깎은 정20면체인 축구공을 소재로 준정다면체를 설명했다. '윷놀이 필승법'에서는 윷놀이와 로또의 확률을 설명했고, '상상도 못한 정체, 숫자 탄생의 비밀'에서는 아라비아 숫자가 전 세계를 평정하고, 공통숫자로 등극하기까지의 과정을 살펴보았다. 당시 민주당 의원 유튜브 구독자 순위에서 몇 손가락 안에 들었다.

2016년 당대변인

2016년 8월, 당대변인으로 임명되어 2017년 대선까지 일했다. 당대변인으로 일할 당시는 더불어민주당이 중심이 되어 국정농단 사태를 밝히고 사상초유의 대통령 탄핵을 하던 시기로, 논평과 브리핑에 독설에 가까운 표현을 담을 수밖에 없었다. 당대변인을 마치며 국회 정론관에서 이임 인사를 할 때 '말빚'과 '글빚'을 많이 졌다고 소회를 밝혔다. 내가 했던 브리핑의 제목들이다.

- 막말하는 부역정치인, 촛불민심이 두렵지 않은가!
- 국민이 박근혜 대통령 심판에 직접 나섰다
- 게이트의 몸통인 박근혜 대통령이 결자해지해야
- 박근혜 대통령의 이번 국회 방문도 또 하나의 국면전환용이 아닌가?
- 전대미문의 국정농단, 국기문란의 중심은 대통령이었음이 확인됐다
- 황교안 권한대행, 대통령 코스프레 말라
- 우병우는 아직도 자신이 청와대 민정수석인 줄 아는가?
- 이정현 대표, 야당 분열 공작으로 대통령을 보위하려는가!

정당은 영어로 'party', 어원은 분할을 뜻하는 'partition'과 같다. 정당은 추구하는 이념과 철학, 세상을 바라보는 관점과 정책의 방향에 따라 나뉜 것이니 정당 간의 대립과 경쟁은 당연하고, 최전방 사수射手인

국회 정론관 당대변인 브리핑과 기자회견

대변인으로 가시돋힌 논평과 브리핑은 어쩔 수 없는 운명이었다. 그런 가운데에도 브리핑에서 자극적인 표현은 자제하면서 연성화하려는 노력을 기울였다. 4분의 4박자는 '강약중약', 8분의 6박자는 '강약약중약약'인데, 브리핑을 할 때에도 강한 발언으로 일관하기보다는 강약중약, 혹은 강약약중약약, 이렇게 강도를 조절하는 게 필요하다고 생각했다. 역사교과서 국정화와 관련된 다음 브리핑은 강성 내용 속에 톤다운의 노력이 함께 들어있다.

(2016년 11월 22일 당대변인 브리핑)

제목: 대통령 역사 교과서 발언, 그때는 맞고 지금은 틀리다

《논어》'안연편顔淵篇'에 나오는 민무신불립民無信不立. 백성의 신뢰가 없으면 나라가 설 수 없다는 말이다. 신뢰는 정직을 바탕으로 장시

간 일관성 있게 행동할 때 쌓인다. 그러나 삼척동자도 알다시피 박근혜 대통령의 행보는 그렇지 못하다.

역사교과서 국정화가 그 대표적인 예이다. 박 대통령은 한나라당 대표 시절인 2005년 신년회견에서 "어떤 경우든 정권이 역사를 재단하려 해선 안 된다"고 강조한 바 있다. 10년이 지난 2015년 국회 연설에서는 "역사를 바로잡는 것은 정쟁의 대상이 될 수 없다. 역사교육을 정상화하는 것은 당연한 과제이자 사명"이라고 역설했다. 입장을 180도 바꾼 것이다. (중략)

1948년을 '대한민국 수립일'로 삼아 임시정부의 법통을 부정한 교과서에 어찌 감히 '대한민국'이라는 이름을 붙여 국민들의 자존심에 쇠말뚝을 박으려 하는가? 국민은 국정 역사교과서의 본질이 '최순실-박근혜 교과서'임을 명백히 알고 있다.

내일 국회 교문위 법안소위에서는 '최순실-박근혜 교과서'를 폐기하기 위한 법안들을 심사한다. 국정 역사교과서 추진을 중단하라는 국민의 명을 받들어 야당은 이 법안을 반드시 통과시킬 것이다. 자신의 이익을 위해 역사교육이라는 엄중한 정책을 손바닥 뒤집듯이 한 박 대통령은, 이제라도 한민족 5,000년 역사에 더 이상의 죄를 짓지 말고 국정 역사교과서를 폐기하기 바란다.

탄핵릴레이

20대 국회에서 가장 극적인 사건은 대통령 탄핵소추안이 국회에서 가결되고 헌법재판소가 이를 인용해 박근혜 대통령이 파면된 일이

탄핵릴레이 실시간 응원 댓글   탄핵릴레이

다. 탄핵소추안은 2016년 12월 3일 발의되었는데, 9일 본회의 표결을 앞두고 더불어민주당 국회의원 전원은 만약 탄핵안이 부결되면 의원직을 사퇴하겠다는 결의서를 제출하는 한편, 탄핵안 가결을 촉구하는 100시간 탄핵 릴레이*를 이어갔다.

의원들은 국회의사당 로텐더홀에 마련된 발언대에서 순서를 정해 탄핵 관련 발언을 이어갔고, 국민들은 24시간 계속되는 탄핵릴레이 유튜브를 실시간으로 지켜보며 탄핵소추안 가결에 마음을 보탰다. 12월 8일 새벽, 나는 전공을 살려 '수학으로 풀어보는 탄핵'으로 발언했다.

---

* 원래 명칭은 '필리버스터'에서 차용한 '탄핵버스터'였는데, 저지한다는 뜻의 '버스터(buster)'를 붙이면 탄핵을 막는다는 의미로 잘못 해석될 수 있어 '탄핵릴레이'로 바꾸었다.

수학의 개념 중 집합, 소인수분해, 피타고라스 학파, 방정식의 근의 공식, 함수, 미분과 적분, 변곡점, 뫼비우스의 띠 등을 당시의 국정농단 상황과 연결 지었는데, 많은 국민들이 실시간 댓글로 응원을 보내주었다. 그날 저녁 탄핵 표결을 하루 앞두고 의원들이 로텐더홀에서 농성을 했는데, 수학을 모티브로 한 접근이 신선하다며 재연해달라는 요청을 해왔고, 의원들 앞에서 다시 한번 탄핵릴레이 발언했다.

2016년 12월의 탄핵릴레이 발언은 불행하게도 2023년 시점의 윤석열 정부에 대해 거의 그대로 적용될 수 있다. 박근혜 정부의 국정농단과 윤석열 정부의 실정失政이 마치 평행이론처럼 다가온다.

2018년 원내대변인

2017년 5월 촛불민심을 받들어 정권교체를 했으니, 국회의원 4년의 임기 중 첫 1년은 야당, 이후 3년은 여당이었다. 2017년 5월부터 2020년 5월까지 3년에 걸쳐 우원식·홍영표·이인영 원내대표와 함께 원내부대표로 일했다. 2017년에는 중진협의회를 맡아 4선 이상 중진 의원들과 원내대표단 사이의 가교 역할을 했고, 2018년에는 원내대변인으로 일했다. 당시 야당인 자유한국당은 시급한 현안이 산적해 있음에도 불구하고 국회 일정에 합의하지 않아 정부·여당은 국정과제 추진과 민생문제 해결에 큰 어려움을 겪었다. 야당의 터무니없는 공격을 방어해야 하는 여당의 원내대변인이었지만 가능하면 날 선 발언은 자제하고 품격을 지키고자 했다. 그때 염두에 둔 것이 2000년대 초반 당 대변인들의 격조 있고 풍류가 넘치는 논평이었다.

한 예로 새천년민주당은 2002년 "한나라당은 당사를 밤섬으로 옮기려나"라는 논평을 냈는데, 밤섬이 철새도래지라는 점을 통해 한나라당 철새 정치인을 우회적으로 꼬집은 것이다.

다음 브리핑은 2018년 당시 자유한국당이 원 구성 협상에 응하지 않아 한 달 넘게 국회 공백 상태가 계속되자 답답함을 토로하고 후반기 원 구성을 촉구하는 내용이다. 집권여당의 대변인으로 그래도 의연하게 대처하려고 노력했다.

(2018년 7월 6일 원내대변인 브리핑)

제목: 국민의 명령이다. 문 열어라 국회야!

20대 국회 후반기 원 구성이 6월을 넘긴 건 2002년 이후 16년 만이다.

만 건 넘게 쌓여있는 법안 처리는 물론이려니와 7월 9일까지인 경찰청장 내정자에 대한 인사청문도 밀려있고, 대법관 3인에 대한 인사청문과 본회의 인준 절차도 밟아야 하는데, 국회는 한 달 넘게 임시휴업 중이다.

6·13 지방선거로 분출된 국민들의 정치개혁 의지에 응답해야 할 국민의 대의기관인 국회가 개점조차 못 하고 있으니, 집권여당으로서 고개를 들 수가 없다.

입법부 수장의 부재로 우리나라를 찾는 외국 국빈들을 제대로 맞이하지 못하고, 한반도 평화체제를 위한 의원외교 활동이 절박한 상황에서 그 어느 때보다도 능동적인 역할을 해야 할 국회가 마비된 상황이니, 20대 국회가 역사에 어떻게 기록될지 걱정이 앞선다. 아무렇게나 피어있는 이름 모를 들꽃들도 해가 뜨면 잎을 열어 부지런을 떤다. 자연의 미물조차 알아주는 이가 없어도 묵묵히 제 할 일을 내색 없이 하는데, 국회가 할 일을 산더미처럼 쌓아놓고도 각자의 잇속만 차리려 해서는 안 된다.

서정주는 '꽃밭의 독백'에서 '벼락과 해일만이 길일지라도 문 열어라 꽃아'라고 말하고 있다. 갈등이 기다리고 있다고 해도, 우선은 국회 문부터 열어야 한다. "문 열어라 국회야!"라는 국민들의 외침에 한시라도 빨리 답해야 한다.

2022년 5월 정권교체 후 더불어민주당이 또다시 야당이 된 현시점에서, 정치검찰을 앞세운 윤석열 정권에 맞서 민주주의의 가치를 지키고 대한민국의 몰락을 막으려면 대변인들이 가열찬 논평과 브리핑을 이어 나가야 한다. 여야 관계가 꽉 막히고 정치가 실종된 채 극한의 대립이 지속되고 있지만 이를 풀어가려는 집권여당의 노력이 보이지 않는 상황에서 야당의 선택지는 강경 대응밖에 없어 보인다. 윤석열 정부의 오만과 무능 속

민주당 원내대책회의 발언

에 경제는 침몰하고 있고 도처에서 이념 전쟁이 벌어지고 있는데 정부·
여당이 개과천선하지 않는 한 정치의 복원은 요원하다.

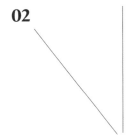

02 의회외교와 정부외교

외교라고 하면 대부분 정부 차원의 외교를 생각하지만, 의회 차원에서 국가 간 현안을 논의하는 의회외교도 큰 역할을 한다. 의회외교의 주체는 의원친선협회, 의회외교포럼, 의원연맹 등 다양하고, 방식도 초청외교, 방문외교, 국제회의 등 다양하다. 의원친선협회의 경우 국가별로 구성되어 있는데 115개에 이른다. 예를 들어 우리 국회에는 호주 의원친선협회가, 호주에는 한국 의원친선협회가 구성되어 있어 양국 간에 교류할 수 있는 인적 네트워크가 구축되어 있다. 만약 정부가 호주와 공식 교섭을 통해 해결이 어렵거나 처리하기 민감한 사안이 있다면 의원친선협회가 호주 의원들의 채널을 가동시켜 우리의 입장을 설명하고 그 의원들이 호주 정부를 설득할 수 있다.

정부외교를 통해 이루어지는 대통령이나 정부 관계자의 발언은 집행을 담보로 구속력을 갖고 논의도 사전에 조율된 제한적인 범위 내에서 이루어지는 경향이 있다. 그에 반해 의회외교는 상대적으로 자유롭고 융통성을 갖기 때문에 실천적인 외교를 구현할 수 있다. 이처럼 의회외교와 정부외교는 상호보완적인 외교의 양 날개가 된다.

"우리는 통역도 필요 없잖아요"

국가 정상 차원의 최대 다자외교의 장은 UN 총회이고, 의회 차원의 최대 다자외교의 장은 국제의회기구 IPU(Inter-Parliamentary Union) 총회이다. 전 세계 의회가 참여하는 IPU는 세계 평화와 협력을 도모하고 대의제도 확립을 위해 매년 봄, 가을에 총회를 개최한다. IPU 총회에 참석하면, 외국 의원들과 만나 대화하며 각 국가의 정치 현안에 대한 이해를 넓힐 수 있는데, 무엇보다도 기대되는 것은 북한의 국회에 해당하는 최고인민회의 대표단과의 만남이었다.

2017년 10월 러시아 상트페테르부르크에서 개최된 IPU 총회에 북한은 최고인민회의 안동춘 부의장을 단장으로 하는 대표단을 파견했다. 나는 회의장 로비를 걸어가다 북한 대표단과 마주치게 되어 간단한 인사를 나누었다. 그때 안동춘 단장이 건넨 "반갑수다."라는 인사말은 마음속에 메아리처럼 울려 퍼졌다. 일본 아사히TV 기자는 북한 대표단의 일거수일투족을 지켜보고 있다가 나와 인사 나누는 장면을 찍어서 보도했고, IPU 총회 내내 나를 따라다니며 집요하게 취재했지만 한마디도 보태지 않았다.

북한 대표단과 다음 만남이 이루어진 것은 2018년 3월 스위스 제네바 IPU 총회였다. 이번에는 조국통일연구원 원장이자 최고인민회의 대의원인 리종혁이 북한 대표단 단장을 맡았다. 불과 5개월 만이었지만 평창올림픽을 계기로 남북 화해 분위기가 조성되며 남북 관계는 크게 개선되었고, 북한 대표단의 IPU 연설은 이전보다 한결 부드러워졌다.

회의장에는 국가별로 자리가 지정되어 있는데, 내가 북한 대표단 쪽에 가서 인사를 하자 북한 대표단은 자리에 앉아서 이야기를 나누자면서 친근하게 대했다. 식사를 한번 하면 좋겠다는 덕담 차원의 인사를 했는데, 매우 전향적인 답변이 돌아왔다. "식사해요. 우리는 통역도 필요 없잖아요." 남북 분단의 기간이 길어도 우리는 통역이 없이 만날 수 있는 동족이구나 하는 지극히 당연한 사실이 묵직하게 다가왔다.

2018년 10월 IPU 총회에서는 더 큰 진전이 있었다. 2017년 가을 회의장 바깥에서의 간단한 인사, 2018년 봄 회의장 안에서의 대화 차원을 넘어서, 이번에는 문희상 국회의장과 리종혁 단장이 면담을 하면서 남북국회회담 일정 등을 논의한 것이다. IPU 총회에서 남과 북의 대표가 만난 것은 처음으로, 리종혁 단장이 "먼 길 오시느라 피곤하시겠다."고 인사하자 문희상 의장은 "이번 만남 하나로 피로가 다 풀리는 것 같다."고 화답했다.

남북 관계의 진전과 더불어 의회 차원의 만남도 이렇게 호전되었지만, 2019년 하노이 노딜 이후 북한 대표단은 IPU 총회에 참석하지 않고 있다. 나는 2019년 4월 IPU 총회에 참석하며 혹시나 하는 기대감을 가졌지만 서늘한 실망감만 안고 돌아왔다. 윤석열 정부가 들어선 후 문재인 정부의 대북 포용정책이 대북 강경정책으로 바뀌었고, 남북 관계가 다시금 암흑의 터널 속에 갇히게 되면서 움트려고 하던 남북 의회 외교도 멈추게 되었다.

세계잼버리대회: '환호'에서 '탄식'

세계잼버리대회 유치 때에도 의회외교가 정부외교에 힘을 보탰다. 2017년 8월 세계스카우트 총회에서 2023년 세계잼버리대회 개최지를 결정하는 투표가 이루어졌다. 나를 포함한 국회스카우트의원연맹 의원들은 아제르바이잔의 바쿠에 머물며 득표 활동을 했고, 홍보를 위해 회원국 부스를 매일 돌았다. 국가별 부스에 가면 전통 디저트를 권했는데, 대한민국 지지를 호소하기 위해 먹방을 하듯 디저트를 먹으며 감동적인 맛이라고 감탄을 하다 보니 단 것을 너무 많이 섭취해서 어지럼증이 났다. 함께 다닌 의원은 지역구 선거를 치러보지 않은 내가 5선을 한 본인보다 득표 활동을 잘한다고 농담하기도 했다. 당시 폴란드의 그단스크와 경합을 벌였는데 투표 결과를 조마조마한 심정으로 지켜보다가 전광판에 대한민국 607, 폴란드 365가 뜨자 일제히 환호했다.

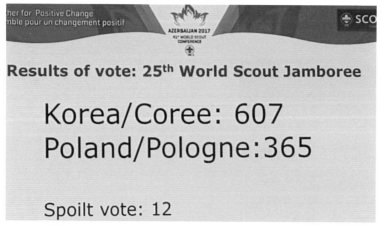

2023년 세계잼버리대회 개최지 투표 결과를 보여준 전광판

세계잼버리대회는 4년마다 개최되고, 새만금 직전 대회는 2019년 미국 웨스트버지니아주의 서미트 벡텔 보호지역에서 열렸다. 웨스트버지니아는 존 덴버^{John Denver}의 노래 〈Take me home, country road〉의 첫 소절 'Almost heaven, West Virginia~' 가 생각나는 자연환경이었고, 서미트 벡텔 보호지역은 친환경 재생에너지를 활용하는 지속가능한 야영장으로 잼버리의 취지를 잘 살릴 수 있는 곳이었다. 나는 국회 스카우트의원연맹의 회원으로 참여했는데, 쾌적한 날씨와 야영장 시설에 대회 운영도 매끄럽고 프로그램도 다채로웠다.

2017년 세계잼버리대회 유치 결정 때의 뿌듯함과 환호는 6년 후 부끄러움과 탄식으로 바뀌었다. 대한민국은 국제행사를 잘 치르기로 정평이 난 국가로, 8월 첫 주의 폭염은 충분히 예상된 바인데 대비가 허술했고 부대시설도 열악하기 그지없어 야영장은 난민캠프를 방불케

2019년 미국 웨스트버지나이주의 세계잼버리대회

했다. 잼버리대회가 진짜 서바이벌 게임으로 전락하여 현실판 '오징어게임'이 된 것이다.

최다 참여국인 영국과 미국 등의 스카우트가 줄줄이 조기 철수했고 태풍까지 예고되면서 야영장을 모두 떠나게 되었다. 언론 취재를 처음에는 허용하다가 준비 부족과 운영 미숙을 지적하는 비판 보도가 줄을 잇자 취재를 통제했지만, 잼버리대회의 열악한 사진은 SNS를 통해 전 세계에 퍼졌다. '눈떠 보니 후진국'이라는 말이 실감 났다. 미래를 이끌 전 세계 43,000명의 청소년들에게 한국이 부정적으로 각인되고, K팝·K드라마·K방역 등 힘들게 쌓아온 K브랜드가 빛이 바랜 것이 무엇보다 가슴 아팠다.

세계잼버리대회 유치에서부터 여성가족위원회 위원으로 「새만금세계스카우트잼버리 지원 특별법」을 통과시킨 일련의 과정을 함께 했던 터라 국제적 망신 속에 종료된 세계잼버리대회에 대한 안타까움이 그 누구보다 크다.

2018년 평창동계올림픽

윤석열 정부는 매 사안에 남 탓으로 일관하며 책임회피를 하는데 세계잼버리대회도 예외는 아니다. 윤석열 정부는 2022년 5월 시작했고 2023년 8월 세계잼버리대회가 열렸으니 정권 출범 후 1년 3개월, 인수위 기간을 고려하면 1년 5개월이 지난 시점인데도 미흡한 준비와 미숙한 운영을 전 정권 탓으로 돌렸다.

반면에 문재인 정부는 2017년 5월 인수위도 없이 바로 시작했고

2018년 평창동계올림픽에서 국회 교육문화체육관광위원회 위원들과 함께

9개월 만인 2018년 2월 평창동계올림픽을 치렀다. 이전 정권에서 준비하던 평창동계올림픽을 문재인 정부가 이어받아 어떻게 치러냈는지 복기해보면 두 정부의 실력 차이가 확연히 드러난다. 세계잼버리대회는 안전하고 쾌적한 야영장을 조성하면 되는 단순한 차원인데 반해, 동계올림픽은 경기장과 경기 운용의 종류가 다양하고 국가 정상 의전, 북한 대표단 초청 등 훨씬 더 복잡한 고난도의 작업이었다.

평창동계올림픽의 개·폐회식장은 지붕이 없는 개방형이라 혹한 대책이 시급했다. 이에 올림픽조직위원회와 문체부와 강원도는 원팀으로 뭉쳐 대책을 강구했다. 나는 동계올림픽과 패럴림픽 개·폐회식에 모두 참석했는데, 영하 20도에서도 견딜 수 있는 방한용품(우의·담요·방석·핫팩), 난방쉼터, 방풍막, 파티오 히터 등 세심한 배려와 함께 최선을 다한 준비는 참석자들을 감동 시키기에 충분했다. 다행히 날씨가 도와주어 방한용품은 거의 사용되지 않았다.

노무현 대통령은 대통령의 무한 책임을 강조했다. "비가 오지 않아도, 비가 많이 내려도 내 책임 같았다. 아홉시 뉴스를 보고 있으면 어느 하나 대통령 책임 아닌 것이 없었다. 대통령은 그런 자리였다." 비가 오지 않는 것도 비가 많이 내리는 것도 남 탓, 전 정부 탓으로 일관하는 윤석열 정부가 되새겨야 할 말이다.

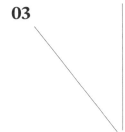

03 원내대표들의 협치 점프

'여야 협치 실종', '여야 관계 경색'

수십 년째 접해온 기사 제목이지만 전 분야에서 여야 대치 전선이 형성되어 있는 2023년 국회의 상황은 전례없이 심각하다. 21대 국회에서 여야 의원이 공동발의 명단에 이름을 함께 올린 법안은 전체의 5.7%에 불과해 입법에 있어서도 여야 공조가 거의 이루어지고 있지 않다. 얼어붙은 여야 관계를 보여주는 단적인 예는 2023년 9월 이재명 대표의 목숨을 건 단식에도 여당 대표가 방문조차 하지 않았다는 사실이다. 이러한 여야 관계에 비춰볼 때, 2018년 다섯 명 원내대표의 방미는 대단한 협치의 장면이 아닐 수 없다.

손을 맞잡은 다섯 명의 원내대표

2018년 5당 원내대표는 국익을 위해 손을 맞잡고 미국을 방문했다. 당시 여당인 더불어민주당 홍영표 원내대표가 초당적인 대미외교가 절실하다는 판단하에 방미를 제안했고 자유한국당 김성태 대표, 바른미래당 김관영 대표, 민주평화당 장병완 대표, 정의당 노회찬 대표가 대승적으로 화답하면서 5당이 모두 참여하는 대표단이 구성되었다. 나는 여당 원내대변인으로 방미단에 합류했다.

　최근 미국의 「인플레이션 감축법IRA」과 「반도체과학법The CHIPS and Science Act」으로 인해 우리 기업이 불이익을 받지 않을까 우려가 큰데, 2018년에는 자동차 수출에 심각한 타격을 주는 「무역확장법」 232조가 이슈였다. 여야 원내대표들은 미국 의회 지도부, 행정부, 싱크탱크 관계자를 만나 한국이 미국의 핵심 안보동맹국이자 FTA를 통한 경제 동맹국임을 상기시키며 한국 자동차가 「무역확장법」 232조 조치 대상에 포함되지 않도록 한목소리를 냈다.

출국 기자회견에서 노타이 차림을 한 원내대표들

　　　　　　　　　　　　　　　　　　　　　　　　정치비타민

방미단은 2018년 7월 18일부터 22일까지 3박 5일의 출장 기간 동안 18개의 공식 일정을 소화했는데, 미국에 도착한 직후 일정이 시작되었다. 코리 가드너Cory Gardner 상원 아태소위원장, 에드 로이스Ed Royce 하원 외무위원장, 테드 요호Ted Yoho 하원 아태소위원장, 스테니 호이어 Steny Hoyer 하원 민주당 원내총무를 면담하고 한국전 참전비 헌화를 했다.

첫날에는 넥타이 에피소드가 있었다. 출국하던 날, 날씨가 덥다 보니 원내대표들은 모두 넥타이를 매지 않은 채 인천공항에 왔다. 출국 기자회견 사진을 보면 모두 노타이라는 걸 확인할 수 있는데, 넥타이를 가져오지 않은 경우도 있고 짐 가방에 넣어 보낸 경우도 있었다. 그런데 도착해서 바로 일정이 시작되기 때문에 인천공항에서 넥타이를 급히 구하다 보니 네 명의 원내대표가 푸른색의 동일한 넥타이를 매게

가드너 아태소위원장과의 면담에서 같은 넥타이를 맨 노회찬, 김성태, 장병완, 김관영 원내대표

케빈 매카시 하원 공화당 원내대표와 함께

되었다. 가드너 아태소위원장과 로이스 외무위원장은 여야 원내대표가 동행했을 뿐 아니라 색깔과 무늬까지 같은 넥타이를 맸다고 농담하며 부럽다는 반응을 보였다.

협치 점프

둘째 날에는 코리아 코커스Korea Caucus 조찬간담회에 참석하고, 의회에서는 케빈 매카시Kevin McCarthy 하원 공화당 원내대표와 에드 마키Ed Markey 상원 아태소위 간사, 행정부에서는 국방부와 국무부 차관, 상무부 윌버 로스Wilbur Ross 장관을 만났다. 여야가 국내에서는 사안에 따라 각을 세우기도 하지만, 미국에는 한마음 한뜻으로 왔고 무역확장법이나 한미 FTA에 대해서는 입장이 같다는 것을 면담 때마다 강조했다.

미국 국회의사당 앞에서 원내대표들의 협치 점프

2012년 3월 발효된 한미 FTA에 대해 2018년 당시 개정 협상이 이루어지고 있었다. 여야 원내대표들은 만약 무역확장법 232조를 적용하게 되면, 한미 FTA의 국회 비준에 부정적인 영향을 미칠 것이라는 점을 강조했다.

방미단은 의사당 앞에서 대기하다가 면담하는 일정을 계속했는데, 나는 기다리는 동안 운동 삼아 점프 사진을 찍자고 제안했다. 그래서 가칭 '협치 점프'라고 하는, 원내대표들이 높이 뛰어오르는 훈훈한 사진과 동영상이 만들어졌다.

저녁에는 한국 특파원 대상의 간담회를 했는데, 원내대표들의 발언과 질문·답변에 앞서 나는 방미 일정에 대해 경과보고를 하고 B컷 사진으로 협치 점프 사진을 공개했다. 여러 언론이 그 사진을 받아 기사

노회찬 의원과 함께

화했는데, 제목은 '초당 외교 파이팅', '협치를 위한 점프, 한국서도 이랬으면'과 같이 긍정적인 방향이었지만, 댓글은 달랐다. "한국에서 협치하라고 했더니 미국 가서 점프나 하고 있냐." 등 악플도 많이 달렸다. 간담회 분위기를 부드럽게 하고자 제공한 점프 사진이 비판의 빌미를 제공하게 되어 씁쓸했다.

셋째 날에는 제프리 게리쉬Jeffery Gerrish USTR 부대표 면담, 미국 상공회의소 주최 오찬 간담회, USIP 한반도 전문가 간담회, 동포 간담회가 있었다. 출장 내내 살인적이라 할 만큼 꽉 짜인 일정으로 여유 있는 시간을 갖지 못한 터라 워싱턴을 떠나기 전날 저녁, 처음이자 마지막으로 와인 자리를 가졌다. 그날 마신 와인이 '파우스트Faust'였다. 나파 밸리에서 생산된 카베르네 소비뇽으로, 복합적인 향과 맛이 매력적인 루

정치비타민

비색 와인이었다. 우리는 와인을 테이스팅 한 후 대담한 느낌의 와인이 악마의 유혹같이 뿌리치기 어렵다는 면에서 괴테의 '파우스트'에서 이름을 따오지 않았을까 해석했다.

방미단은 사흘 동안 초긴장 상태에서 빡빡한 일정을 마쳤고 다음 날 귀국을 앞두고 있어, 와인과 함께 유쾌한 대화를 이어갔다. 노회찬 의원은 특유의 유머 감각으로 노동운동에 뛰어들 때의 상황, 인천에서 노동운동을 할 당시 송영길 의원, 김영춘 의원과 함께했던 사실을 이야기하며 와인 자리를 주도했다. 또한 노 의원은 "나와 홍영표 의원과 김성태 의원이 노동계 출신으로 용접자격증이 있으니, 이 자리에 있는 여섯 명 중 절반인 세 명이 용접공"이라고 농담했다. 노회찬 의원은 협치 사진에서 가장 높이 뛰어오른 것처럼 협치 분위기 속에 방미 일정을 마치는 데도 큰 역할을 했다.

노회찬 의원의 마지막 영화 〈더 포스트〉

워싱턴에서 서울로 돌아오는 비행기에서 내 좌석은 노회찬 의원의 옆뒤 자리였다. 나는 그날따라 긴 비행시간 내내 눈을 붙이지 못해 노 의원을 가까이서 지켜보게 되었다. 노 의원은 기내 영화로 〈더 뮤직 오브 사일런스〉와 〈더 포스트〉를 시청했다. 〈더 뮤직 오브 사일런스〉는 시각장애를 극복하고 세계적인 성악가가 된 안드레아 보첼리Andrea Bocelli 의 자전적 소설을 바탕으로 하는데, 평소 첼로를 연주하며 음악에 조예가 깊은 노 의원이 관심을 가질만한 영화라고 생각했다.

〈더 포스트〉는 1971년 미국의 일간지 〈워싱턴포스트〉가 베트남 전쟁의 진실을 담은 미국 국방성(펜타곤)의 1급 기밀문서 '펜타곤 페이퍼'를 입수해 공개하는 과정을 다룬 영화다. 노 의원은 두어 장면에서 돌려보기까지 하면서 상당히 몰입해서 영화를 보는 것 같았다.

영화 〈더 포스트〉

〈더 포스트〉를 시청하는 노 의원을 보며, '삼성 X파일'과 '펜타곤 페이퍼'의 동질성을 떠올렸다. 노 의원은 2005년 삼성그룹과 정치권·검찰 사이의 관계를 담은 삼성 X파일을 공개함으로써 판도라의 상자를 열었다. 〈워싱턴포스트〉가 보도한 펜타곤 페이퍼는 미국이 베트남 전쟁에 군사개입을 강화하는 구실로 삼았던 통킹만 사건이 조작이었다는 내용을 담고 있어, 미국뿐 아니라 전 세계에 충격을 주었고, 닉슨 대통령의 사임을 가져온 워터게이트 사건의 단초가 되었다.

그런 면에서 두 사건은 평행이론인 듯하지만, 결말은 사뭇 다르다. 삼성 X파일을 통해 진실을 알리고자 한 노 의원은 결국 2013년 대법원 판결로 의원직을 상실했다. 펜타곤 페이퍼를 보도한 〈워싱턴포스트〉는 〈뉴욕타임스〉와 함께 닉슨 정부로부터 국가기밀 누설 혐의로 제소당해 1심에서 보도 정지 판결을 받았지만, 2심에서는 연방 대법원이 신문사의 언론자유에 손을 들어주었다.

7월 22일 저녁, 인천공항에 도착해 입국심사장으로 걸어가며 〈더 포스트〉와 관련해 노 의원과 대화를 나누었다.

"영화에서 〈워싱턴포스트〉 편집장 역을 맡은 톰 행크스와 발행인으로 분한 메릴 스트립의 연기는 역시 명불허전이죠? 두 유명 배우가 열연했고 스티븐 스필버그 감독의 작품이라는 점을 감안하면 이 영화가 국내 개봉에서 흥행하지 못한 게 의아해요."

나의 의문에 대해 노 의원은 이렇게 답했다.

"우리와 같은 장년층에게는 〈더 포스트〉의 감독과 배우 이름만으로도 소구력을 갖지만, 젊은 세대에게는 그렇지 못한 것 같아요."

노 의원이 황망하게 떠나고 5년이 넘는 세월이 흘렀지만, 마지막으로 나누었던 대화는 여전히 선연한 기억으로 남아 있다.

귀국 다음 날인 23일 오전, 노회찬 의원의 비보悲報가 전해졌다. 그시각 나는 '한국여성과학기술인의 역사와 미래'라는 주제의 포럼에 참석하고 있었고, 내 축사 바로 직전에 속보를 접했다. 망연자실해진 나는 마이크를 잡았지만 머릿속이 하얘지며 한마디도 할 수가 없었다. 평소 진보 진영의 스타 정치인 노 의원에 팬심을 가지고 있었고, 특히 마지막 닷새 동안 시간과 공간을 함께했기에 도저히 현실이라고 받아들일 수가 없었다.

미국 출장을 함께하며 계속 눈에 들어온 건 노 의원의 낡은 양복과 구두와 가죽가방이었다. 얼마나 많은 현장을 누비고 얼마나 많은 노동자를 만날 때 함께했던, 역사성이 담긴 물품일까 하는 생각을 했다. 노의원과 나는 의원실이 의원회관의 같은 쪽에 위치하고 있어 같은 엘리베이터를 이용하고, 출근 시간대가 비슷해서인지 아침에 자주 만났는데, 그때마다 보여준 노 의원의 온화한 미소는 하루를 씩씩하게 버티는 심리적인 에너지가 되곤 했다.

평생 진심을 다해 서민을 대변하고, 촌철살인 화법으로 우리의 가슴을 뻥 뚫어주었던 노 의원은 진영을 넘어 광범위한 관심과 사랑을 받았다. 약자에 대한 배려와 따뜻한 마음, 재치 넘치는 비유와 풍자를 곁들인 달변가, 친화력 높은 소통의 달인으로 정치의 품격을 높여주던 노 의원이 떠나면서 우리는 큰 자산을 잃었다. 그는 갔지만 많은 사람의 가슴 속에 노회찬 의원은 영롱하게 반짝이는 별로 남아 있을 것이다.

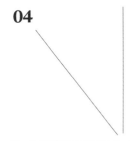

04 | 중국 의회외교와 문화의 힘

문재인 정부는 안보, 경제와 관련해 미국과 중국 사이에서 국익을 최대화하기 위해 정교한 '균형외교'를 펼쳤다. 이와 달리 윤석열 정부는 '가치외교'라는 미명하에 미국과 일본에 경도된 단선적인 외교를 지향하며, '한미일' 대 '북중러'의 대결 구도가 굳어지는 데 일조했다. 한반도가 자진해서 신냉전 대결의 한복판으로 걸어들어간 것이다. 한미일의 공고한 관계는 지속해 나가 돼 북중러와 관계를 회복하는 영리한 중층적 외교가 필요하다.

외교는 상대국의 마음을 사는 일

의회외교는 미국 편중과 중국 홀대의 이분법적 경향이 확연한 정부외교를 보완하여 미국과 중국의 균형을 맞출 필요가 있다. 김진표 국회의장은 한중 수교 30주년을 맞아 2022년 9월 리잔수 전인대 상무위원장을 초청했다. 중국의 전인대(전국인민대표대회)는 우리의 국회에 해당하니, 전인대의 수장인 상무위원장은 국회의장에 대응된다. 중국 서열 3위인 리잔수 위원장은 10여 년 동안 시진핑 주석의 비서실장을 지낸 최측근으로, 함께 온 중국 전인대 대표단에는 장관급 인사가 다수 포함되어 있었다.

회담에서 한중 경제 협력과 인적 교류 등에 대해 심도 있는 대화를 나누고, 부산엑스포 지지를 이끌어내기 위해서는 중국 대표단이 한국에 대해 좋은 인상을 받도록 하는 게 절실했다. 국회의장 비서실장인 나는 의장 양자회담과 공관 만찬이 한중 수교 30주년의 가장 의미 있는 장면이 될 수 있도록 총괄책임을 맡아 성심성의껏 준비했다.

국회에서 열린 양자회담은 화기애애한 분위기 속에 진행되었다. 김진표 국회의장은 "한중 양국이 지난 30년간 정치·경제·문화·인적교류 등 여러 분야에서 이룬 비약적인 발전은 세계적으로 유례를 찾기 힘들다."고 평가했고, 이에 화답하듯 리잔수 위원장은 "중국과 한국은 서로가 없어서는 안 될 좋은 친구"라며 "중국은 한국과 우호협력 관계를 발전시키는 것을 중요하게 생각한다. 양국 간 전략적 소통을 강화하자."고 말했다.

매끄럽게 끝난 양자회담의 훈훈한 분위기는 국회의장 공관 만찬으로 이어졌다. 외교는 상대국의 마음을 사는 일인데, 중국의 취향과 선호도를 고려해서 미술품, 식사 메뉴, 공연, 만찬사를 섬세하게 준비했기 때문이다.

우선 중국 대표단이 공관에 도착했을 때 자연스러운 대화가 이루어질 수 있도록 한중 수교 30년의 이정표가 되는 사진을 선정했다. 장

쩌민·후진타오·시진핑 주석의 방한 사진, 문희상·박병석 국회의장의 방중 사진 등을 크게 인화해서 이젤을 놓고 전시했다. 예상은 적중했다. 리잔수 위원장은 자신이 포함된 2014년 시진핑 주석의 방한 사진, 2019년 문희상 국회의장과 2022년 박병석 국회의장의 방중 사진에 반색하며 당시를 유쾌하게 회상했다.

공관의 접견실에는 독도 사진과 휴전선에서 보초 서는 군인의 사진을 배치했다. 만찬에 앞서 접견실에서 차담을 나눌 때, 한국의 냉혹한 현실을 보여주는 두 가지 사진으로 대화를 이어갈 수 있도록 했다.

리잔수 위원장을 감동시킨 미술품

가장 공을 들인 것은 미술품이다. 중국 대표단이 선호하는 미술품을 선정하기 위해 전문가의 자문을 받아 공관의 미술품을 대대적으로 교체했다. 국회의 미술품 수장고 작품 중 일부를 선정하고, 추가로 국립현대미술관과 사립미술관의 작품을 대여했다.

만찬장에는 박생광의 〈모란과 까치〉, 홍지윤의 〈해당화는 여전히〉를 걸었다. 〈모란과 까치〉는 금분 바탕에 부귀와 복을 상징하는 모란, 그리고 손님을 환영하는 까치의 모습이 조형적으로 구성된 작품이다. 리잔수 위원장은 만찬사에서 "모란과 까치가 그려진 작품을 보니 마치 집에 온 것과 같이 편안하다"고 호평했다.

〈해당화는 여전히〉는 강렬한 붉은 색의 해당화가 대담하게 자리잡고 있고 그 위에 중국 송나라의 여류시인 리칭자오李淸照의 〈여몽령如夢令〉 시가 적혀 있다. 리잔수 위원장은 "리칭자오의 〈여몽령〉은 저의 애송시

박생광의 〈모란과 까치〉를 감상하는 양국 의장

홍지윤의 〈해당화는 여전히〉를 배경으로 건배를 하는 양국 의장

정치비타민

입니다."라면서 즉석에서 시 전체를 암송했다. 사전 정보를 입수한 것
도 아닌데 취향저격의 작품을 선정한 것이다.

〈여몽령 如夢令〉

비가 내리고 비바람이 세차게 몰아치던 어젯밤 昨夜雨疏風驟,

깊은 잠도 술기운을 깨우지 못하네 濃睡不消殘酒.

발을 걷고 있는 아이에게 물으니 試問捲簾人,

해당화는 여전히 피어있다 하네 却道海棠依舊.

정말 그럴까? 知否 知否?

푸른 잎은 무성해도 붉은 꽃은 야위어 갈텐데 應是綠肥紅瘦

〈여몽령〉은 중국어로 된 시이지만, 비가 내리면 혹여 꽃이 떨어져버
리지 않을까 걱정하며 꽃나무를 둘러본 경험이 있어 시심詩心에 공감
하게 된다. 두 점의 미술작품을 매개로 대화가 자연스럽게 이루어지면서
만찬장의 분위기는 고양되었다. 문화의 힘을 확인할 수 있는 순간이었다.

공관의 로비는 정갈하고 기품있는 유백색 달항아리를 컨셉으로 했
다. 달항아리를 사진으로 구현한 구본창의 〈Vessel series〉와 도자기
를 부조 형식으로 제작한 이승희의 〈TAO〉를 전시했다. 윤태운의 〈조
선백자 달항아리〉 전시대에는 달항아리의 그윽함을 잔잔하게 느낄 수
있도록 조명을 설치했다. 중국에는 조형미가 뛰어나고 화려한 도자기
들이 많기 때문에, 그와 대비되도록 장식적 요소를 배제한 단아한 달항
아리를 전시한 것이다. 중국 대표단은 "달항아리가 넉넉한 여백과 함께

은은한 아름다움을 품어낸
다."고 감탄했다.

로비에는 김환기의 〈항아
리와 매화〉를 걸었다. 나는
만찬 테이블에서 중국의 선
호도를 고려해 매화와 모란
이 포함된 미술품을 선정했
다고 말했고, 중국 대표단은

윤태운의 〈조선백자 달항아리〉를 감상하는 양국 의장

모란과 매화에 대해 상세한 설명을 해주었다.

"매화梅花는 난蘭, 국菊, 죽竹과 함께 사군자四君子로 중국인들이 좋아
하는 꽃입니다. 명나라, 청나라 시기에는 모란을 국화國花로 삼았지
만, 1960년대에 매화를 국화로 공식화했습니다. 모란은 황하의 북
쪽 지역에서, 매화는 장강의 남쪽 지역에서 주로 자라는데, 북쪽과
남쪽이 각각 선호하는 모란과 매화는 자웅을 겨루며 중국인의 사
랑을 받고 있습니다. 중국의 국화는 공식적으로 매화지만, 실제로
는 일국양화一国兩花로 보기도 합니다."

비록 통역자를 두고 의사소통을 했지만, 모란과 매화 그림을 통해
풍부한 대화가 이루어질 수 있었다. 하지만 통역을 거치면서 아무래도
대화의 밀도가 떨어지기에 중국어에 도전해 언젠가는 직접 대화를 하
겠다는 포부를 가져보았다.

정치비타민

공연과 만찬사

의미 부여가 필요한 공식 오·만찬 메뉴에 자주 등장하는 게 비빔밥이다. 여야 정치인들이 함께할 때에는 협치를 위해, 외교 행사에서는 당사국들의 화합을 위해 여러 재료가 조화롭게 어우러지는 비빔밥을 내놓곤 한다. 중국 대표단 만찬에서도 한·중 우호 관계를 상징하는 비빔밥을 선택했다.

만찬장에서 연주를 한 '문라이트 밴드'는 가야금, 얼후, 피아노로 구성되는데, 얼후는 우리의 해금과 유사한 중국의 전통 악기이다. 레퍼토리는 양국의 전통 민요인 '아리랑 & 모리화', 영화 〈첨밀밀〉 OST인 '월량대표아적심', 중국 가수 주화건의 대표곡을 안재욱이 '친구'로 리메이크한 '펑여우朋友'였다. 중국 대표단은 한국과 중국의 화합을 반영한 선곡에 대해 감사를 표했다.

국회의장의 만찬사에도 공을 들였다. 시를 읊고 풍류를 즐기는 중국인에게 다가갈 수 있도록 한국과 중국의 시를 인용하며 만찬사를 준비했다. 만찬사는 김현승의 시 〈가을〉에서 '별을 생각으로 깎고 다듬어 가을은 내 마음의 보석을 만든다', 중국 당唐나라 두목杜牧 한시에서 '서리를 맞은 가을 단풍이 봄꽃보다 더 붉다(상엽홍어이월화霜葉紅於二月花)'를 인용했다. 리잔수 위원장이 중추절 밤에 고향을 그리며 지었다는 시 〈강반사향江畔思鄕〉을 함께 언급했다.

중국 대표단은 "가을을 노래한 양국의 시를 인용하는 격조있는 만찬사였다. 특히 리잔수 위원장의 시까지 찾아낸 것에 감동했다."고 말했다. 준비한 만큼 평가를 받아 총괄 책임자로서 보람을 느낀, 긴 하루였다.

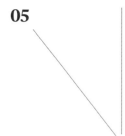

05 국가별 맞춤 준비

2022년 8월 초 미국 의회 1인자인 낸시 펠로시^{Nancy Pellosi} 하원의장이 방한했는데 윤석열 대통령은 여름휴가를 이유로 패싱했다. 윤 대통령은 휴가 기간 대학로에서 연극을 보고 뒤풀이까지 하면서도 펠로시 의장을 만나지 않은 것이다. 한국 전기차 산업에 큰 타격을 준 「인플레이션 감축법(IRA, Inflation Reduction Act)」이 미국 상원을 통과한 게 2022년 8월 7일, 하원을 통과한 게 8월 12일이다. IRA에 대한 정보를 입수하고 대통령이 펠로시 의장을 만나 논의를 했더라면 하는 아쉬움이 남는 대목이다. 대통령실이 제 역할을 하지 못하고 있는 가운데 김진표 국회의장이 8월 4일 펠로시 의장을 맞이하며 그 공백을 메꿨다.

국회의장 비서실에는 의장 접견 요청이 수없이 들어오는데 그중에서 의미있는 것을 엄선해서 일정에 반영한다. IRA가 이슈로 부각된 이후, 미국 의회 대표단의 접견 요청은 모두 수용했다. IRA가 한국 경제

정치비타민

에 미칠 부정적 영향에 대해 미국 상·하원 의원들에게 재차 삼차 설명하는 기회를 만들기 위해서였다. 2022년 말 한국산 전기차 중 리스와 렌터카에 대해서는 보조금을 받게 된 진전이 있었는데, 외교부와 산업통상자원부의 노력도 있었지만 국회의 역할도 컸다. 의회외교와 정부외교의 투트랙을 전면 가동해 우리의 입장을 부분적으로나마 관철시킨 바람직한 사례다.

19선의 펠로시 의장

펠로시는 하원의원 19선(임기 2년)인 관록의 정치인으로, 하원의장을 두 번 지낸 전무후무한 경력을 보유하고 있다. 펠로시와 관련해 주목할 것은 다섯 자녀의 어머니로 47세에 뒤늦게 정계에 입문한 점이다. 나는 1993년부터 1994년까지 버클리 대학University of California at Berkeley에서 연구원으로 일했는데, 그 지역의 하원의원으로 언론에 등장하던 펠로시에 주목하고 있었다. 물론 당시는 정치와 무관한 학문의 길을 생각하던 시기였지만, 펠로시는 당찬 여성, 능력자라는 면에서 이미 나의 롤모델이었다.

2022년 방한 당시 만 82세인 펠로시는 아시아 순방 강행군 속에서도 에너지가 넘쳤다. 펠로시 의장을 가까이서 접해보니 트럼프 대통령의 국정연설문을 면전에서 찢어버린 강단과 호기가 어디서 나왔는지 이해될 듯했다. 펠로시는 다변가이자 달변가로, 정련된 정치적 메시지를 적시적소에 던지는 노련함을 보여 역시 정치 베테랑이라는 생각이 들었다. 언론발표 때 펠로시 의장은 메모지 한 장 없이 나왔다. 내용

김진표 국회의장과 펠로시 하원의장의 언론 발표

을 충분히 숙지하고 있더라도 언론에 생중계되는 상황에서는 자료를 들고 할 법도 한데, 맨손으로 능숙하게 소화했다. 또한 한국계 미국인 앤디 킴 등 민주당 의원들이 부각될 수 있도록 발언 기회를 확보해주었다.

오찬은 펠로시가 "세상에서 가장 좋아하는 장소"라고 밝힌 바 있는 사랑재에서 진행되었다. 그날 펠로시는 높이 10cm의 하이힐을 신고 있었는데, 혹시라도 돌계단에서 비상상황이라도 생길까 봐 경호팀에 연락을 해서 동선을 완만한 경사의 무장애길로 바꾸었다. 펠로시는 미식가이자 다식가였다. You are what you eat 이라는 표현이 있듯이, 펠로시의 왕성한 활동력과 적극성은 식사에서 나오지 않나 싶다. 펠로

정치비타민

시의 지역구인 캘리포니아에서는 2021년 김치의 날이 지정되었고, 연방 차원에서도 김치의 날 지정 결의안이 통과되는 등 김치가 친근한 음식이었는지 깍두기 접시까지도 깨끗이 비웠다.

미국 성조기를 표현한 전통보자기 포장

오찬 공연을 준비하며 펠로시가 아일랜드 록밴드 U2의 팬이라는 정보를 입수해, 연주 목록에 U2의 '원One', '오디너리 러브Ordinary Love'를 포함시켰다. 선물 포장에도 공을 들였다. 전통보자기로 미국 성조기를 표현했고 매듭은 미국의 국화인 장미 모양이 되도록 했다.

펠로시의 저서 《Know your power》의 번역본 《자신의 숨겨진

《자신의 숨겨진 힘을 깨달아라》

힘을 깨달아라》는 자신이 유리천장보다 더 견고하다는 대리석 천장을 뚫고 하원의장이 된 경험을 기술한 후, 여성들이 자신에게 내재된 힘을 깨달아야 한다는 메시지를 던진다. 펠로시가 방한했을 때 한국어 번역본을 전통한지로 포장해서 한국계 보좌관에게 전달했다. 그 보좌관은 2021년 5월 한미 정상회담 때 에피소드의 주인공이었다. 나는 그 이야기를 꺼냈다.

국회 사랑재 오찬에서 양국 의장 건배

"문재인 대통령이 하원 지도부와 간담회를 가진 후 국회의사당을 걸어서 나오고 있는데 펠로시 의장이 전력질주해 와서 깜짝 놀라셨다고 합니다. 사연인즉 펠로시 의장이 사무실에 돌아가니, 문 대통령을 절실하게 만나고 싶어 했던 보좌관이 실망하는 것을 보고 바로 손을 잡고 뛰어 대통령에게 인사시켜 주셨다고 들었습니다. 방미 때 펠로시 의장이 문 대통령의 신년 인사카드를 간직했다가 보여주셨다는데, 그때도 역할을 하신 거죠?"

그 보좌관은 1년여 전 상황을 상기하며 한국어 번역본을 펠로시 의장에게 전달하겠다고 약속하며 떠났다.

정치비타민

국가별 맞춤 준비

국회의 의회외교는 미국과 중국의 G2뿐 아니라 모든 국가에 대해 정성을 기울인다. 2023년 2월에는 노르웨이 마수드 가라카니[Masud Gharahkhani] 의회의장이 방한했다. 가라카니는 이란 테헤란에서 태어나 5살에 노르웨이로 이주한 이민자로, 의장회담에서 논리정연하고 명쾌하게 발언하는 것을 들으니 젊은 이민자 출신이 어떻게 의장까지 오를 수 있었는지 고개를 끄덕이게 되었다. 또 한편으로는 열린 마음으로 이민자를 받아들인 노르웨이 사회의 개방성을 평가하게 되었다.

식사와 공연을 노르웨이 맞춤으로 준비했다. 오찬 메뉴에 노르웨이산 연어를 포함시켰고, 가라카니 의장의 선호 뮤지션을 미리 파악해 티나 터너[Tina Turner]의 'Proud Mary', 그리고 노르웨이 작곡가 그리그의 대표곡 '솔베이지의 노래'를 연주했다. 선물 포장은 전통 보자기로 붉은색, 흰색, 청색의 노르웨이 국기를 형상화했고, 회담장의 꽃장식 역시 국기 색을 반영했다. 노르웨이 대표단은 "국기를 재연한 선물 포장은 처음"이라며 깊은 감사의 뜻을 표했다.

2023년 3월 체코 페카로바 아다모바[Pekarova Adamova] 하원의장이 방한했을 때도 체코 국기의 색을 반영한 꽃장식, 체코의 대표적 작곡가 드보르작의 '유모레스크'와 하원의장의 애창곡인 후버포닉[Hooverphonic]의 'Mad about you'를 연주해 체코 대표단을 감동시켰다.

노르웨이 국기를 표현한 전통보자기 포장

G7 대사를 위한 연주

의회외교의 대상에는 주한 대사도 포함된다. 국회의장은 2022년 9월 G7과 EU 대사를 초청해 공관 만찬을 가졌고, 첼로와 클래식 기타의 앙상블로 공연을 준비했다. 연주곡은 바흐의 '무반주 첼로 모음곡 1번', 타레가의 '알함브라 궁전의 추억', 피아졸라의 '리베르 탱고'였다. 대사들은 연주를 들으며 작곡자들의 국적을 따지게 되었다.

스페인 출신의 EU 대사는 "타레가는 스페인 음악가, 바흐는 독일 음악가니 두 국가의 음악이 연주에 포함되었네요."라고 말했다. 대사들이 연주되는 곡의 국적을 따지는구나 하는 생각이 들면서, 다른 G7 국가와 관련하여 내가 악보 없이 연주할 수 있는 피아노곡을 떠올려 보았다. 뮤지컬 캣츠의 'Memory'는 영국의 앤드루 로이드 웨버가 작곡했고, 상송 '눈이 내리네Tombe La Neig'는 프랑스 곡이니 G7 중에서 두 국가를 커버할 수 있겠다는 생각이 들었다. 비록 아마추어 수준이지만 용기를 냈다. "제 피아노 실력이 미천하기는 하지만, 영국·프랑스와 관련된 음악을 연주해보겠습니다."

빼어난 수준은 아니지만 자청해서 피아노 연주를 했고, 이어 독일의 미하엘 라이펜슈틀 대사가 연주를 했다. 이렇게 피아노 연주가 이어지면서 대사들의 대화는 클래식 음악과 K컬처로 뻗어나가게 되었고 문화적으로 윤택한 대화가 이루어질 수 있었다. '오직 한없이 가지고 싶은 것은 높은 문화의 힘'이라는 김구 선생님의 말씀이 떠오르는 순간이었다.

G7 대사를 위한 공관 만찬에서의 피아노 연주

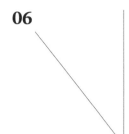

06 홀로코스트 희생자 추모의 날

일본과 독일은 같은 2차 세계대전의 전범국이지만 희생자들에 대한 사과와 반성이라는 면에서 크게 대비된다. 일본은 위안부와 강제징용에 대해 사과는커녕 그 사실조차 부정하기에 이른 데 비해, 독일은 나치 시대에 자행된 유대인 학살과 잔학 행위에 대해 여러 차례 공식적으로 사과했다.

1970년 독일 빌리 브란트 총리는 바르샤바의 게토 희생자 추모비 앞에서 무릎을 꿇었고, 헬무트 슈미트 총리와 헬무트 콜 총리도 아우슈비츠를 방문해서 사죄했다. 앙겔라 메르켈 총리는 재임하는 16년 동안 끊임없이 사과와 반성을 했다. 독일은 자신들이 행한 부끄러운 만행을 기억하고 진정한 화해를 이루기 위해 노력하며 세계의 신뢰를 얻었다. 피해자가 그만해도 된다고 할 때까지 사과와 반성을 계속하겠다는 독일과, 과거의 만행을 부정하고 역사 지우기까지 시도하는 일본은 크게 다르다.

홀로코스트 희생자 추모의 날

2005년 유엔은 1월 27일을 '홀로코스트 희생자 추모의 날International Holocaust Remembrance Day'로 지정했다. 소련의 붉은 군대가 아우슈비츠 강제수용소에 수감되어 있는 죄수를 해방시킨 1945년 1월 27일을 기념하는 것으로, 독일뿐 아니라 세계 곳곳에서 기념식이 개최된다.

2023년 주한 이스라엘 대사관과 독일대사관이 주최하는 홀로코스트 희생자 추모의 날 기념식이 독일문화원에서 개최되었다. 나는 김진표 국회의장 대신 참석해서 기념사를 대독했다.

오늘 우리는 20세기, 아니 어쩌면 전 인류사에서 가장 소름 끼치는 악행의 사건을 상기하고, 그 희생자들을 추모하기 위해 이 자리에 모였습니다.

홀로코스트를 상기할 때마다, 우리는 두렵고 떨리는 마음을 떨쳐버릴 수 없습니다. 인간 내면의 잔악성과 야만성, 그리고 부정의와 탐욕을 느끼면서 불안에 휩싸입니다. 그들이 당했던 폭력적이고 처참한 죽음을 생각할 때, 우리에게 끔찍한 저주로 되돌아오지는 않을까 두려울 지경입니다. 어느 작가의 다음과 같은 말은 피할 수 없는 진실입니다. "그것은 일어난 일이었다는 것, 그러므로 다시 일어날 수 있다는 것, 이것이 우리가 말해야 할 핵심"이기 때문입니다.

그러므로 우리들은 반인륜적인 악행의 반복과 재현을 막기 위해 총탄과 가스, 희생자들의 고통스런 신음소리와 일그러진 얼굴을 계속 이야기해야 합니다. 침묵하고 멈추어서는 안 됩니다. 그것은 지금 살아 있는 자들, 그리고 앞으로 살 자들을 위한 엄숙한 과제이기도 합니다.

근본악radical evil에 저항하는 우리의 외침과 행동만이 홀로코스트 희생자들에 대한 유일하고도 올바른 추모 방식입니다. 그것만이, 인간성의 법정에서, 유대인 학살 책임자 아이히만의 죄, "의심하지 않은 죄, 생각하지 않은 죄, 그리고 행동하지 않은 죄"로부터, 우리가 유죄 판결을 면할 수 있는 길입니다. 당연한 것으로 의심 없이 받아들이는 평범해 보이는 것들, 성경이 사탄을 "거짓의 아비"라고 하듯이, 근본악은 자신을 그렇게 평범성banality으로 위장하여, 우리를 속이고, 우리의 말과 사고를 중지시킵니다. (중략)

다시 한번, 홀로코스트 희생자들을 위해 기도합니다. 그리고 그들이 남긴 선명한 메시지를 다시 한번 생각합니다. 그들은 폭력적인 죽임을 당함으로써 우리에게 생명을 내주었습니다. '홀로코스트'라는 말의 본래적 뜻이 말해 주듯, 그들은 우리를 위해 불 속에 희생된 번제물이었습니다. 그들은 지금도 우리에게 진정한 인간다움과 온전한 평화의 공동체에 이르고자 하는 지칠 줄 모르는 열망과 용기를 주고 있습니다.

이곳에 모인 여러분 모두 같은 마음일 것입니다. 저는 책임과 정의를 요구받는 한 운명으로서, 이 시대를 함께 살아낼 여러분들의 동시대인으로 태어난 것을 기쁘고 감사하게 생각합니다. 저와 우리 국회는 온전함에 이르는 대한민국 공동체를 건설하기 위해 여러분들과 굳게 연대하여 나갈 것입니다.

홀로코스트 희생자 추모의 날 기념사

주한 대사들과 함께 든 We Remember, Never Again 팻말

기념식에서 무엇보다 감동적이었던 것은 통렬한 참회의 마음을 담은 독일 대사의 인사말에서 전해지는 진정성이었다. 기념식은 엄숙하고 간결했다. 인사말, 촛불 점화, 묵념과 더불어 피아노와 첼로 연주로 블로흐의 '유대인의 삶' 중 '기도', 존 윌리엄스의 '쉰들러 리스트' 주제곡이 묵직하게 흘렀다. 기념식에서 나는 주한 이스라엘, 독일, 미국 대사와 함께 We Remember, Never Again 팻말을 들었다.

'아시아판 홀로코스트' 간토대학살

홀로코스트는 피해자 유대인과 가해자 독일인에게만 있었던 게 아니다. 1923년 일본 간토대지진 때 2만여 명의 조선인이 학살당했고, 이는 '아시아판 홀로코스트'로 불린다. 간토대지진 희생자 추도식에 역대 도쿄도 지사들은 추도문을 보냈지만, 2017년부터는 조선인 희생자 약 6,000명의 근거가 명확하지 않다는 이유로 추도문 발송을 거부하고 있다. 더욱 개탄스러운 것은 2023년 9월 1일 간토대학살 100년이 되는 날, 대한민국 정부는 공식적인 입장 표명조차 없었다. 일본 정부는 조선인 희생자와 관련해 사실관계를 파악할 수 있는 기록이 발견되지 않았다며 발뺌하고 있다. 독일문화원에서 개최된 홀로코스트 희생자 추모의 날과 대비되게, 아시아판 홀로코스트는 이렇게 묻혀가고 있다.

그런 상상을 해본다. 언젠가 제3국에서 한국대사관과 일본대사관이 주최하는 '간토대지진 조선인 희생자와 일제 강제징병 희생자 추모의 날 기념식'이 열리고, 거기서 일본 대사의 진심 어린 사죄의 말을 들을 수 있을까?

정치비타민

6장

교육

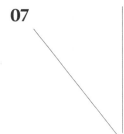

07

기초학력 보장은
교육복지의 시작

교육부와 한국교육과정평가원은 매해 학업 성취도 평가를 실시해 추이를 비교하고 있는데, 기초학력 미달 학생의 비율은 계속 증가하고 있다. 2012년과 2021년의 고등학교 기초학력 미달 학생 비율은 수학이 4.3%에서 14.2%로, 국어가 2.1%에서 7.1%로, 영어가 2.6%에서 9.8%로 모두 세 배 이상 늘었고, 수학은 절대 비율 자체가 높다. 특히 코로나19를 거치며 기초학력 저하가 두드러졌는데, 이 시기에 발생한 학습 결손을 메꾸고 교육 격차를 줄이려면 앞으로 상당한 시간과 노력이 필요할 것이다.

「기초학력보장법」을 위한 간절한 노력

'모든 국민은 능력에 따라 균등하게 교육을 받을 권리를 가진다.' 헌법 제31조 1항이다. 기초학력 보장은 인권의 문제라는 신념을 가지고 있던 나는 모든 학생의 기초학력을 국가가 책임지고 지원하기 위한 체

정치비타민

기초학력보장법 제정을 위한 정책토론회

계적이고 종합적인 법적 근거를 마련하고자 했다. 20대 국회 초기인 2016년 7월 19일 '모든 학생에게 공정한 교육기회를'을 주제로 정책 토론회를 개최하고, 여기서 입법 아이디어를 모아 「기초학력보장법」을 대표발의했다.

「기초학력보장법」은 난관 끝에 교육위원회를 통과했지만 법제사법 위원회의 벽을 넘지 못하고 자동폐기 되었다. 다행히 21대 국회에서는 더불어민주당이 교육위원회의 다수를 점하고 상임위원장을 맡으면서 오랜 염원이던 「기초학력보장법」이 국회를 통과했다. 「기초학력보장법」은 2021년 9월 24일에 제정되어 2022년 3월 25일부터 시행되고 있는데, 이 법의 제정을 위한 간절한 노력이 추후라도 빛을 발하게 되어 위안으로 삼고 있다.

국가가 국민의 최소한의 기초생활을 보장하는 하는 게 「국민기초생활보장법」으로, 김대중 정부는 이 법의 제정으로 복지국가를 향한 중요한 걸음을 내디뎠다. 교육에 있어서 「국민기초생활보장법」에 해당하는 교육복지법이 「기초학력보장법」으로, 학생들의 기초학력을 국가가 보장하는 교육안전망의 구축을 골자로 한다.

국가가 한 명의 학생도 놓치지 않고 기초학력을 책임지는 것은 일차적으로 학생 각자의 타고난 잠재력을 계발하여 자아실현과 행복 향유의 가능성을 높이기 위해서지만, 개인을 넘어 국가적인 차원에서도 의미가 크다. 저출생과 인구절벽 시대에 학생 한 명 한 명이 소중한 인적자본human capital이고, 그들의 능력을 일정 수준까지 끌어올려 미래성장 동력을 확보하는 것은 매우 중요한 과제다. OECD의 2015년 연구는 대한민국의 15세 학생이 모두 기초학력에 도달하면 성장잠재력Growth potential이 68% 높아지는 효과가 있다고 분석한 바 있다.

미국 부시 정부는 2002년 「NCLB(No Child Left Behind, 아동낙오 방지법)」를 제정했고, 이는 2015년 오바마 정부의 「ESSA(Every Student Succeeds Act, 모든 학생 성공법)」로 이어진다. 이처럼 낙오 학생을 방지하고 모든 학생의 성공을 위한 법은 연방법으로 되어 있지만, 영재교육을 위한 법은 주에서 제정하고 있다. 법의 관점에서 보자면 미국은 영재교육보다 낙오 학생 방지에 우선순위를 두고 있다. 그런데 우리나라는 그 반대다. 최상위권의 영재를 지원하는 「영재교육진흥법」은 2000년에 제정되었지만, 그와 대칭을 이루어 하위권 학생을 배려하는 「기초학력보장법」은 그 후 20여년이 지난 2021년에야 국회를 통과했다.

학습지원 대상학생

「기초학력보장법」을 만들면서 가장 고민했던 부분은 기초학력에 미치지 못하는 학생을 어떤 용어로 표현할 것인가였다. '기초학력 미달 학생'이라고 할 경우 낙인 효과를 가져올 수 있으므로, 긍정적 관점을 담은 PC 표현을 다각도로 검토한 후 '학습지원 대상학생'으로 명명했다. 현재 시행되고 있는 「기초학력보장법」은 내가 법을 만들며 논의와 숙고 끝에 선택했던 '학습지원 대상학생'을 사용하고 있다.

PC 표현

영어에서는 PC(Politically Correct: 정치적으로 공정한) 표현을 중요시한다. 예를 들어 성차별적 표현을 피하기 위해 의장을 남성인 chairman으로 한정하지 않고 chairperson으로 부른다. Misconception오개념에 대한 PC 표현은 alternative대안로, 타인의 다른 생각을 존중하는 마음이 담겨있다. Housewife주부가 반드시 wife일 필요는 없으므로 homemaker라고 하거나, 전문성을 부각시키기 위하여 domestic engineer가사 엔지니어로 명명하기도 한다. 심지어 키가 작은 사람을 short가 아닌 vertically challenged수직방향으로 도전을 받는라고 표현하기도 한다. 용어는 인간의 사고를 담아 만들어지지만, 역으로 용어에 의해 사고가 영향을 받기도 하기에, 인간에 대한 따뜻한 마음을 반영한 용어는 인간의 사고를 그 방향으로 유도한다.

"행복한 가정은 모두 엇비슷하고, 불행한 가정은 불행한 이유가 제 각기 다르다." 톨스토이의 소설 《안나 카레니나》의 첫 문장이다. '안나 카레니나 법칙'은 학업성취에도 적용될 수 있다. 성취도가 높은 학생은 모두 엇비슷하고, 기초학력에 미달하는 학생은 부진의 이유가 제각기 다르다. 안나 카레니나 법칙에 따른다면 교육 당국은 학습지원 대상학 생이 부진한 원인을 개인별로 파악하고 그 특성에 맞는 내용과 방법으 로 맞춤형 교육을 실시해야 한다. 그게 기초학력보장법의 철학을 제대 로 구현하는 길이다.

정치권에서는 기초학력 미달 비율 공개를 둘러싸고 소모적인 논쟁 이 벌어지곤 한다. 한 예로 2023년 국민의힘이 다수인 서울시의회는 기초학력 진단검사 결과를 공개하는 조례를 통과시키고, 서울시 교육 감은 이를 거부하면서 긴장 관계가 형성되었다. 이명박 정부 때 기초학 력 미달 비율이 감소했는데 실제로 줄었다기보다는 평가에 임박해 학 교가 문제풀이 연습을 반복시켰기 때문이라는 해석이 많았다. 또한 특 수교육 대상 학생은 학습부진 통계에 포함되지 않기 때문에 경계선에 있는 학생을 대거 특수교육 대상자로 편입시켜 미달 비율을 낮추는 일 도 있었다. 기초학력 미달 비율 공개가 야기하는 무한경쟁과 학교 서열 화의 부작용을 고려할 때, 기초학력 미달학생을 파악해서 학습지원교 육을 제공한다는 법의 제정 의도에만 충실해야 할 것이다.

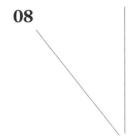

08 국가교육위원회 유감

2022년 9월 출범한 국가교육위원회가 보이지 않는다. 국가교육위원회는 킬러문항에서 시작된 수능 논란, 서이초 교사 사건에 따른 교권 회복 문제와 같이 교육계의 대형 이슈가 생겨도 목소리를 내지 않고, 교육부가 발표한 대학입시제도 개편안에 대해서는 거수기 노릇을 하고 있다. 국가교육위원회는 큰 기대 속에 닻을 올렸지만 현실은 그 반대로 가고 있는 것이다.

윤석열 정부가 임명한 국가교육위원회 위원장은 친일과 독재를 미화한 역사교과서 국정화의 주역이자 뉴라이트의 대표 인사다. 국가교육위원회 위원들의 면면을 보아도 숙의 민주주의를 구현하기보다는 정파 갈등의 장으로 변질될 가능성이 높다. 실제 국가교육위원회는 2022 개정 교육과정을 짧은 시간에 졸속 심의하면서도 '민주주의'를 '자유민주주의'로 바꾼 교육부 심의본을 유지하고, 이념과 무관한 '노작교육'을 삭제해 전문성 부족을 드러냈다. 앞으로 우리 아이들이 배울 역사 교과서에 뉴라이트 역사관이 반영되고 홍범도 장군과 위안부가 지워지고, 항일 독립운동 왜곡이 일어나지 않을지 우려의 목소리가 제기된다. 물론 박근혜 정권에서 명운을 걸고 추진했던 국정교과서와 뉴라이트 역사관을 반영한 교학사 교과서를 깨어있는 시민의 힘으로 막아낸 바 있으니, 앞으로도 그 단결된 힘을 믿어보고자 한다.

교육정책의 일관성과 지속성, 그리고 정치적 중립성을 위해

국가교육위원회의 출범에 이르는 과정은 지난했다. 대통령 소속 위원회로는 5·31 교육개혁방안을 제안한 김영삼 정부의 '교육개혁위원회', 김대중 정부의 '새교육공동체 위원회'와 노무현 정부의 '교육혁신위원회'가 있었는데, 이는 법률이 아니라 대통령령에 근거한 위원회로, 지속성이 보장되지 않은 자문기구였다. 법적 토대를 갖춘 위원회 설치가 대선공약으로 제기되기 시작한 것은 20여 년 전이다. 2002년 이회창 후보, 2007년 정동영 후보, 2012년 문재인·박근혜 후보, 2017년 문재인·홍준표·안철수 후보는 명칭이 조금씩 다를 뿐 국가교육위원회 설립을 공약으로 제시했다. 이처럼 진보와 보수 가리지 않는 단골 공약인 이유는 국가교육위원회가 여러 이유로 교육계의 숙원이었기 때문이다.

첫째, 교육정책의 일관성과 지속성을 위해 초정권적 교육 기구가 필요했다. 지난 몇십 년 동안 새 정권이 들어서면 교육과정과 교과서가 바뀌고 그에 따라 입시제도가 바뀌는 피곤한 변천사가 되풀이되어 왔다. 공교육에 대한 국민의 불만과 불안감은 치열한 입시경쟁과 더불어

국가교육위원회의 설치 및 운영에 관한 법률안
(박경미의원 대표발의)

의 안 번 호	7303

발의연월일 : 2017.   6.   9.

발 의 자 : 박경미·신동근·신창현
　　　　　　도종환·박　정·권미혁
　　　　　　서영교·김병관·고용진
　　　　　　김태년·정성호·유은혜
　　　　　　남인순·한정애·오영훈
　　　　　　박찬대 의원(16인)

교육과정과 입시제도가 자주 바뀌는 것도 한몫한다. 그런 면에서 벤치마킹 대상으로 빈번하게 거론되는 국가가 핀란드다.

　핀란드는 국제학업성취도평가 PISA에서 성취도가 높으면서도 학생들 간의 성취도 차이가 크지 않아 수월성과 형평성을 동시에 충족시키는 것으로 평가받는다. 핀란드를 교육 모범국으로 만든 일등 공신은 1972년부터 1991년까지 국가교육청장을 맡은 에르끼 아호Erkki Aho다. 핀란드에서는 한 명의 교육 총사령관이 20년간 교육개혁을 일관성 있게 추진하면서 국민적 신뢰를 확보할 수 있었는데, 우리도 그런 모델을 따르고자 했다.

　둘째, 교육의 정치적 중립성을 위해 초당적 독립기구를 두고자 한 것이다. 대한민국 헌법은 31조를 통해 교육의 자주성, 전문성, 정치적 중립성을 보장하고 있지만, 정치적 중립성이 흔들릴 때가 많았다. 정권에 따라 한국 근현대사를 다르게 조명하여 교과서가 집필되거나 역사교과서 국정화를 둘러싸고 사회적 논란이 확산되었던 경우가 바로 그 예이다. 이런 교육 문제를 해결하는 단초를 제공하는 것이 '국가교육위원회'다.

신년 기자회견에서 나온 질문

내가 20대 국회에서 소명감을 가지고 추진한 「국가교육위원회 설치 및 운영에 관한 법률」은 교육위원회의 문턱을 넘지 못했고, 21대 국회에서 다시 발의되었지만 국민의힘의 반대로 진전이 없었다. 법 통과의 전기가 마련된 것은 2021년 대통령 신년 기자회견이다.

기자회견 며칠 전 교육비서관이던 나는 대통령에게 교육 분야 국정과제를 직접 보고할 기회가 있었는데, 그때 국가교육위원회가 포함되어 있었다. 대선공약이자 국정과제인 국가교육위원회의 출범을 위해서는 입법이 필요한데 아직 이루어지지 못했고, 전 단계인 국가교육회의 체제로 운영되고 있음을 상기시켰다. 또한 교육부 업무의 상당 부분을 이관하는 본격적인 차원의 국가교육위원회보다는 국가교육발전계획의 수립, 교육과정 고시, 교육 문제에 대한 공론화 정도의 제한적인 역할로 시작하는 게 낫겠다는 점을 보고드렸다.

전임 대통령 중에는 기자회견 질문 내용을 기자들과 미리 조율하는 경우도 있었지만 문재인 대통령은 그렇게 하지 않았다. 기자회견에서 두 번째로 질문 기회를 얻은 〈인천일보〉 기자는 뜻밖에도 국가교육위원회에 대해 질문을 했고 대통령은 보고받은 내용을 바탕으로 소상하게 답변했다. 국가교육위원회가 현실화되는 데 내가 나름의 역할을 한 것이다.

기자: 권력기관 개혁에 공수처가 있다면 교육개혁에는 국가교육위원회가 있다고 생각합니다. … 국가교육위원회 설치가 임기 중에 가능한 것인지, 추진 계획 있으면 말씀해주시고…

문 대통령: 국가교육위원회는 저의 공약이기도 합니다. 그리고 차근차근 준비해가고 있습니다. 그동안 국가교육회의를 설치해서 국가교육 정책의 기본방향을 정하면서 국가교육위원회의 출범을 준비해왔습니다. 아마도 금년 중 출범을 좀 더 본격적으로 구체적인 방안까지 제시하고 아마 실행까지 나가게 되지 않을까 생각합니다. 물론 국회의 입법과 함께 가야 되기 때문에 국회와도 긴밀히 소통하면서 협의해 나가겠습니다. 과거에 교육부를 아예 없애거나 또는 교육부의 기능을 최소화하면서 국가교육위원회가 교육정책과 행정의 전반을 담당하게 하자는 논의도 있었습니다만 그렇게 일거에 변화하는 것은 어려운 일이라고 생각합니다. 우선 국가교육위원회가 국가교육 정책의 어떤 기본방향 또 기본적인 정책들을 논의해서 결정하는 역할을 하고, 그다음에 교육부가 그것을 실행해 나가는 그런 체제로 점진적으로 접근하려고 합니다.

신년 기자회견에서 국가교육위원회가 수면 위로 떠오르면서 여당과 교육부에서 우선순위를 두게 되었고 국회의 입법도 탄력을 받게 되었다. 「국가교육위원회 설치 및 운영에 관한 법률」이 2021년 7월 1일 본회의를 통과했다. 여기까지는 순풍을 탔지만 다음 단계는 아쉬움으로 남는다. 2021년 7월 20일 법을 공포하면서 준비 기간을 1년으로 잡아 시행일을 2022년 7월 21일로 정한 것이다. 새로 설립되는 기구인 만큼 충분한 준비 기간이 필요하다는 고려와 극심하게 반대하는 야당의 협조를 이끌어내기 위한 고육지책이었는데, 만약 준비 기간을 6개월로 했다면 문재인 정부에서 국가교육위원회 위원장을 임명하고 설립 취지에 충실하도록 위원회를 구성했을 것이다.

공론화와 사회적 합의

국가교육위원회는 국가교육발전계획의 수립, 교육과정의 수립·고시, 교육정책에 대한 공론화의 세 가지를 주요 업무로 한다. 첫째 국가교육발전계획에는 학제, 교원정책, 대학입학정책 등이 담기는데, 민감한 사안이 많은 만큼 사회적 합의가 필수이다. 둘째 교육과정은 학교교육의 전반을 규정하는 '교육 헌법'으로, 교육과정 개정에는 광범위한 공론화가 필요하다. 셋째 대학입시나 수능 등 예민한 교육현안 역시 국민 의견을 수렴하고 조정하는 과정이 필요하다.

문재인 정부에서 국가교육회의는 국가교육위원회 출범의 징검다리 역할을 했다. '국가교육회의'는 대통령 직속 자문기구인 데 반해 '국가교육위원회'는 법적 기반을 갖춘 대통령 직속 행정위원회로 위원장은 장관급이고 상임위원 2명은 차관급이다. 국가교육회의는 훨씬 낮은 위상이었지만 나름의 역할을 했다. 국가교육회의는 2018년 대입제도에 대한 공론화를 거쳐 정시 비율을 30%로 확대하는 결론을 내렸고, 2019년에는 서울 16개 대학의 수능 위주 선발을 40%로 하는 결정을 내린 바 있다. 공론화 과정에서 다양한 의견이 분출되면서 여론의 뭇매를 맞기도 했지만 백가쟁명식 논쟁 속에 열린 소통으로 이견을 조율했다. 진보교육 진영에서는 학교교육을 정상화하고 고교학점제와 정합성이 있는 수시 확대를 선호했지만, 공정성과 투명성 강화를 요구하는 여론은 정시 확대에 쏠렸다. 이처럼 대입제도는 이상과 현실 사이의 괴리로 인해 원래 설정한 방향으로만 갈 수 없는 복합성을 띤다.

국가교육회의는 국민참여단을 구성해 2022 개정 교육과정에 대한 각계각층의 의견을 모았다. 또한 국가교육회의는 지역별 교육네트워크 순회 간담회, 청년 토크콘서트 등 다양한 활동을 하면서 매해 백서를 남겼고, 10개의 미래교육 의제를 선정하고 정리해서 국가교육위원회에 전달했는데 국가교육위원회에서 열어나 보았는지 의문이다. 국가교육위원회가 연속성을 가지고 국가교육회의의 누적된 성과를 이어달리기해야 하는데 아쉬움이 크다.

국가교육위원회의 미션인 사회적 합의와 공론화는 고난도의 작업이다. 온 국민이 교육전문가가 되어 비판의 화살을 던지는 가운데 교육을 향한 국민의 모순적인 기대와 요구를 동시에 만족시키는 것은 불가능에 가깝다. 수능 문제나 교권 회복 문제에 대한 공론화는 딱 떨어지는 '정답'을 도출하기보다는 가장 많은 사람이 공감할 수 있는 '해답'을 찾아가는 과정이다. 국가교육위원회는 첨예한 이해관계가 부딪히는 교육 문제를 다룰 때, 사회 구성원들이 얼마나 다른 생각을 가지고 있는지를 드러내고 이견의 폭을 좁히며 공감대를 형성하는 데 주력해야 한다.

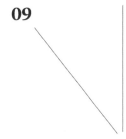

09

수포자 방지법,
알파고법

　　일반인이 수학을 바라보는 시선은 우호적이지 않다. 포털에서 '수학'을 검색했을 때 높은 빈도를 보이는 것은 '수학포기자(수포자)'이다. 다른 교과에 비해 개인 간 성취도 차이가 크게 나타나는 수학은 입시에서 변별을 위한 도구로 사용되어 왔고, 사교육을 유발하는 대표적인 교과로 여겨진다. 중·고등학교를 거치며 수식과 기호로 가득한 난해한 수학을 배웠지만 살아가는데 일말의 도움도 되지 않는다는 원망도 한다. 이처럼 수학에 대한 부정적인 인식이 팽배해 있지만, 수학은 자연과학과 공학, 사회과학을 공부하는 토대이자 다양한 분야로 나아가는 허브 학문이다. 특히 AI 시대를 살아가야 할 미래 세대에게 수학적, 과학적 소양은 매우 중요하다.

　　국제학업성취도평가 PISA(Programme for International Student Assessment)는 OECD가 만 15세 학생들을 대상으로 3년마다 읽기·수

학·과학에 대해 실시하는 국제비교 평가다. 2000년 PISA가 실시된 이후 일관된 결과는 우리나라 학생들의 수학과 과학 성취도는 최상위권이지만 학업에 대한 흥미, 자신감, 즐거움은 최하위권이다. 수학과 과학에 대한 학생들의 흥미와 자신감을 진작시키고 배움의 즐거움을 느끼게 하는 노력이 무엇보다 필요하다.

국회에서 이룬 가장 의미있는 일

국가경쟁력의 근간인 미래 인재 양성을 위해서는 AI 시대와 맞닿아 있는 수학, 과학, 정보교육을 진흥하는 것이 절실하고, 이를 위해 「과학·수학·정보교육 진흥법」을 제정했다. 20대 국회에서 이룬 가장 의미있는 성취이기도 하다. 이 법은 1967년 만들어진 「과학교육 진흥법」의 전부개정안으로, 교육에 있어 유기적 연계가 필요한 과학, 수학, 정보교과를 하나의 진흥법에 담아 시너지를 내도록 했다.

사실 수학교육계에서는 오랫동안 염원이었던 '수학교육 진흥법'을 독립 법안으로 만들어 달라는 요구가 강했고, 소프트웨어와 코딩 교육을 담당하는 정보 교과 역시 독자적인 진흥법을 원했다. 하지만 이렇게 각각의 진흥법을 제정할 경우 '국어교육 진흥법', '사회교육 진흥법' 등 과목별 진흥법의 난립할 것이라는 우려가 있었다. 뿐만 아니라 과학, 수학, 정보의 융합교육 기반을 제공하기 위해서는 하나의 법으로 통합하는 것이 유리하다고 판단했다.

국회에서 법안을 제출하기 위한 공동발의 최소요건은 10명이지만, 「과학·수학·정보교육 진흥법」은 여야를 떠나 필요성에 대한 공감대가

「과학·수학·정보교육 진흥법」 공감 토크쇼

광범위하게 형성되었고, 공동발의자로 더불어민주당뿐 아니라 새누리당과 국민의당 의원들까지 41명이 이름을 올렸다. 이 법은 2016년 11월 상임위를 통과했지만 탄핵과 정권 교체를 거치며 지연되어 2017년 9월에야 본회의를 통과했다. 「과학·수학·정보교육 진흥법」은 2017년 10월 24일에 공포되어, 2018년 4월 25일부터 시행되고 있다. 2017년 12월에는 법의 제정을 기념하는 공감 토크쇼를 진행하며, 법안의 내용을 소개하고 확산시키는 장을 마련했다.

법 제정의 싹은 틔웠지만 물 주고 보살펴야

수학은 위계성과 연계성이 뚜렷하기 때문에 한번 학습 결손이 생기면 만회하기가 힘들다. 수학 이외의 교과는 한 단원에서 학습이 미진하더라도 다음 단원을 열심히 하면 만회할 수 있지만 수학은 다르다. 수학에서 학습 부진과 기초학력 미달 학생 비율도 높은 것도 바로 그 점 때문이다. 한번 발생한 학습 결손은 이후 학습의 지속적인 방해 요인 되므로 수학에서는 공백이 생기지 않도록 각별한 관심을 기울여야 한다. 이전 학년에서 숙달했어야 할 개념이나 계산 능력이 결핍되었다면 과감하게 이해의 부족이 시작된 지점으로 거슬러 올라가 보완해야 한다. 그 과정에서 「과학·수학·정보교육 진흥법」이 역할을 할 수 있기 때문에 이 법은 '수포자 방지법'이라고 불린다.

미래사회를 이끌어갈 창의·융합형 인재 양성이라는 측면에서 「과학·수학·정보교육 진흥법」은 '알파고법'이라고 명명된다. 2016년 당시 알파고가 이세돌을 이기면서 알파고 쇼크가 왔기 때문에 붙여진 별칭이다. 일찍이 서구에서는 STEM(Science, Technology, Engineering, Mathematics) 교육을 강조해왔다. 나무의 줄기stem가 나무를 떠받치는 기둥인 것처럼 STEM 분야는 국가경쟁력의 주축이 된다는 측면에서 '한국판 STEM법'이라고도 할 수 있다.

실제 외국에는 유사한 법들이 이미 존재했다. 일본의 경우 '이과교육'을 초·중·고에서 이루어지는 이과, 산수 및 수학에 관한 교육으로 정의하고, 과학교육과 수학교육의 진흥을 하나의 법안에 담는 「이과교육진흥법」이 시행되고 있다. 미국에는 「STEM Education Act of 2015」을 통해 연방정부와 주정부가 초·중등교육 단계에서 과학·기술·공학·수학 교육의 강화 노력을 기울이고 있다. 독일에서는 Mathematik수학, Informatik정보과학, Naturwissenschaften자연과학,

Technik^{공학}의 첫 글자를 딴 'MINT 교육'을 위해 다양한 정책 수단을 동원하고 있다.

「과학·수학·정보교육 진흥법」에서는 과학·수학·정보에 대한 국가 차원의 체계적인 교육계획 수립과 재정지원 의무를 명시했다. 과학·수학·정보교육 그리고 이들의 융합교육에 대한 종합계획이 있어야 이를 근거로 예산을 확보할 수 있고, 정책의 수립과 시행을 뒷받침할 수 있기 때문이다. 교육부는 「과학·수학·정보교육 진흥법」에 따라 2020년 5월 과학·수학·정보·융합교육 종합계획을 발표했다. 네 가지 종합계획은 2020년부터 2024년까지 5년에 대한 과학·수학·정보·융합교육을 진흥하는 야심적인 청사진을 담고 있는데, 이후 실효성 있는 후속대책이 뒤따르지 않으면서 이정표 제시에 그친 경향이 있다.

「과학·수학·정보교육 진흥법」을 제정함으로써 씨앗을 뿌리고 싹은 틔웠지만, 현재는 방치 상태에 가깝다. 식물이 잘 자라 세상을 이롭게 하려면 물 주고 보살피는 일이 필요한데, 관심과 애정을 가지고 법의 시행을 추동할 사람이 국회에 없기 때문이다. 어렵게 태어난 「과학·수학·정보교육 진흥법」이 미래 인재 양성이라는 본연의 역할을 할 수 있기를 바란다.

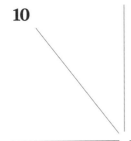

10

알지오매스와
찾아가는 수학버스

「과학·수학·정보교육 진흥법」의 결실 중의 하나가 수학 탐구용 소프트웨어 알지오매스의 개발이다. 알지오매스AlgeoMath는 대수Algebra와 기하Geometry와 수학Mathematics을 연결해 축약한 명칭으로, '알죠, 매스?'라는 한국어와 발음이 비슷한 중의적인 이름이다. 알지오매스는 수학의 핵심 분야인 대수와 기하를 구현할 뿐 아니라 스프레드시트 기능이 있어 자료를 분석하는 통계 교육용으로 사용될 수 있고 블록코딩도 가능하다.

국내 개발 소프트웨어의 필요성

알지오매스가 개발되기 이전에 수학교사들이 많이 사용한 소프트웨어는 GSP(Geometer's Sketchpad), 지오지브라Geogebra이다. 대학에서는 메이플Maple, 매트랩Matlab, 매스매티카Mathematica를 주로 사용하고, 구글과 연동된 데스모스Desmos도 널리 이용되었다. 하지만 유료 프로그램이거

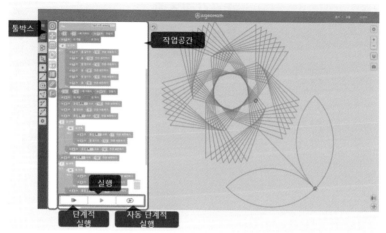

툴박스

작업공간

실행

단계적
실행

자동 단계적
실행

알지오매스를 이용한 코딩

나 무료라도 광범위한 사용에는 제약이 있었다.

공학적 도구의 활용은 교육부에서 교과서를 검정하는 기준의 하나로, 교과서는 기하와 대수를 소프트웨어로 구현한 내용을 포함한다. 단 라이센스 문제로 소프트웨어 이름을 가리고 싶어, 아버지를 아버지라 부르지 못하는 홍길동 신세였고, 수학 수업에서 직접 실습해보는 경우도 드물었다. 이런 상황이기에 국내에서 개발한 소프트웨어가 절실하게 필요했고, 「과학·수학·정보교육 진흥법」을 근거로 교육부를 설득해 소프트웨어 개발 예산을 확보했다.

알지오매스는 국가 예산으로 개발해서 보급한 것이므로 우리나라 수학과 교육과정에 최적화되어 있고, 저작권 걱정 없이 교과서에 실어 수업에서 활용할 수 있다. 알지오매스가 수학 수업에 가져올 긍정적인 변화를 생각할 때 알지오매스 개발비는 국가 예산이 효율적으로 사용된 모범사례라고 자부할 수 있다.

알지오매스는 클라우드 기반의 웹서비스 방식으로, PC·태블릿·스마트폰을 통해 언제 어디서나 접속할 수 있고, 특히 개발소스를 공개했기 때문에 집단지성에 의해 지속적인 확장이 가능하다. 알지오매스는 그 기능을 고도화하고 메뉴와 학습자료를 영문화해서 보급한다면 교육용 소프트웨어의 '한류'를 이끌 잠재력을 갖는다. 그러나 전 정권에서 개발되었다는 이유 등으로 현 정부는 알지오매스를 유지·운영하는 정도의 최소한의 지원만 하고 있고, 기능의 확대와 영문화 서비스 등의 활로를 모색하고 있지 않다. 정치 논리와 무관한 교육용 소프트웨어까지 정권에 따라 영향을 받는 점이 못내 아쉽다.

교과서에 갇힌 수학을 풀어주려면 공학적 도구가 필요

공학적 도구의 대표주자인 컴퓨터와 인간이 수행할 수 있는 능력은 어떻게 다를까? '모라벡의 역설Moravec's paradox'에 따르면, 인간에게 어려운 것은 컴퓨터에게 쉽고, 역으로 인간에게 쉬운 것은 컴퓨터에게 어렵다. 단순한 사칙계산은 수치가 크고 복잡하더라도 컴퓨터가 순식간에 해낸다. 수학에서 난해함의 대명사인 미적분도 컴퓨터는 짧은 시간에 척척 풀어낸다. 아이러니하게도 학생들이 가장 많은 시간을 투자해서 공부하는 수학 내용의 대부분은 컴퓨터에게 쉽고 인간에게 어려운 것이다. 컴퓨터를 이용하면 금방 답을 얻을 수 있는 내용을 익히기 위해 학생들이 긴긴 시간을 보내는 것이다.

일각에서는 수학은 곧 계산인데, 공학적 도구를 이용해 계산해버리면 수학 시간에 무엇을 배울까 하는 의구심이 제기되기도 한다. 하지만 단순 계산을 공학적 도구에 위임하게 되면 창의력, 논리적 사고력, 문제해결 능력, 수학적 모델링 능력 등 고등사고능력의 신장에 도움이 된다. 계산이라는 나무보다는 수학적 사고라는 전체 숲에 집중할 수 있기 때문이다. 또한 공학적 도구를 활용하게 되면 계산의 복잡성에 연연하지 않게 되어 실생활의 생생한 수치를 그대로 사용할 수 있는 장점도 있다.

예를 들어 응용문제를 풀다 보면 처음에는 복잡해 보이지만 중간에 갑자기 약분이 되면서 답은 간단한 정수가 되는 경우가 많다. 그 이유는 손으로 계산하는 상황을 염두에 두고 계산이 지나치게 복잡해지지 않도록 출제자가 수치를 미리 조정해놓았기 때문이다. 이런 문제에 익숙해진 학생들은 문제풀이 과정에서 수식과 계산이 간단해지지 않으면 어딘가 잘못 되었다고 생각하여 다시 처음으로 돌아간다. 이런 경험이 누적되면 학생들은 수학이란 교과서 안에 갇혀 있는 '수학을 위한 수학'일 뿐이라고 생각하게 된다.

수학은 현실 세계의 상황을 분석하고 해석하고 예측하는 유용하고 강력한 도구임에도 불구하고, '박제화된 수학'을 접하는 학생들은 수학의 유용성을 인식하기 어렵다. 수학을 무미건조한 수식과 문제풀이 위주로 다루는 데서 벗어나, 수학이 예기치 못한 분야에까지 깊숙이 맞닿아 있음을 보여주는 외연의 확장을 위해서는 공학적 도구의 활용이 필요하다.

수학놀이터

어떤 분야이건 최고 고수는 놀이처럼 즐기는 사람이라고 한다. 천재는 노력하는 사람을 이기지 못하고, 노력하는 사람은 즐기는 사람을 이기지 못한다. 팍팍한 교육 현실 속에서 점수 경쟁의 진원지가 수학이기에 '수학'과 '즐거움'이 함께하기는 쉽지 않지만, 그래도 초중고 12년 동안 지치지 않고 공부하려면 즐거움을 주는 '수학놀이터'가 필요하다. 그 놀이터에 해당하는 게 수학문화관이다.

대부분의 사람에게 과학관은 익숙하지만 수학문화관은 생소하다. 수학은 문제풀이 위주이기 때문에 연필과 종이만 있으면 된다고 생각하기 때문이다. 그러나 수학의 개념과 원리를 직접 체험과 탐구를 통해 이해하면 도움이 되고, 그런 경험을 제공하는 게 수학문화관이다. 민간에서 만든 수학문화관도 있고 지방자치단체가 세우기도 하는데, 후자의 경우가 창원의 경남수학문화관과 서울 노원수학문화관이다.

수학문화관이 활성화되려면 법과 예산을 다루는 국회의원들이 그 필요성을 인식하는 게 우선이기에 2018년 국정감사에서 경남수학문화관 방문을 제안했다. 인문사회계열 전공이 대부분인 국회의원들은 수학의 원리를 이해하기 쉽도록 흥미롭게 구현해놓은 체험·전시관을 보고 "학창 시절 이렇게 수학을 배웠다면 이공계를 선택했을 것"이라며, "우리 지역구에도 수학문화관을 건립하고 싶다."고 입을 모았다. 경남수학문화관 방문을 계기로 조승래 의원은 유성에 대전수학문화관 설립을 추진했고 2021년 개관했다. 예산 확보 과정에서 「과학·수학·정보교육 진흥법」이 중요한 역할을 했음을 물론이다.

찾아가는 수꿈이 수학버스

수학문화관이 전국 요소요소에 설립된다면 더 말할 나위 없이 좋지만, 차선책으로 생각해볼 수 있는 게 수학문화관이 학생이 있는 학교로 이동하는 것이다. 이 아이디어를 구현한 게 '찾아가는 수꿈이 수학버스*'다. 수학버스는 대형버스를 개조해서 황금분할기, 원뿔단면 관찰기, 내외심 관찰기, 사이클로이드 미끄럼틀, 이항분포 실험기, 포물면 반사기 등 40여 개의 수학 교구를 설치한 이동형 수학체험 공간이다.**

수학버스는 교육인프라가 부족한 지역을 찾아다녔다. 첫 번째 행선지는 지리산 첩첩산중 청학동에 위치한 묵계초등학교였다. 청량한 산기운 속에 학생들과 수학이 만나는 장을 펼쳤는데, 또하나의 큰 의미는

수학버스 외부

수학버스 내부

---

* 수꿈이는 '수학으로 꿈을 이루는 사람들'이라는 의미이다.
** 수학버스에 교구를 제작해서 설치하는 데 있어, 일찍부터 수학교구를 개발해온 수학문화도서관의 장훈 이사장 등의 헌신이 컸다.

정치비다민

청학동 묵계초등학교 수학버스 행사

경력단절 여성의 사회적 재활동 지원이다. 도우미 교사로 이공계 배경 지식을 갖고 있으면서 출산과 육아 등으로 경력이 단절된 여성들이 연수를 받고 대거 참여했는데, 아이를 키운 경험이 녹아들면서 최상의 도우미 역할을 할 수 있었다.

수학버스는 2018년 봄, 평창동계올림픽으로 남북화해 무드가 높아졌던 시기에 민통선 최북단에 위치한 대성동초등학교를 찾아갔다. 수학버스 행사는 원주율 파이의 근삿값이 3.14라는 데서 착안한 3월 14일 파이데이로 잡았다. 기왕이면 수학적으로 의미있는 날짜를 택일한 것으로, 파이데이를 기념하여 원주율 표에서 기념일 찾기, 3월 14일 1시 59분 26초에 파이먹기 등의 이벤트를 진행했다.

접경 지역에 위치한 대성동초등학교에서는 남한이 게양한 대형 태극기와 북한이 게양한 대형 인공기를 볼 수 있다. 이를 이용한 현장밀착형 체험활동으로 국기 게양대 높이를 탈레스의 삼각비 원리를 이용하여 재어 보는 활동을 마련했다. 학생들은 토론을 거쳐 성공적으로 높이를 구한 후 한 학생은 "거대한 국기 게양대의 높

대성동초등학교 파이데이 행사

이를 직접 재지 않고 수학으로 계산해낼 수 있는 게 신기해요."라고 소감을 밝혔다.

수학버스 행사를 마치고 집에 돌아와 저녁 뉴스를 보았다. 학원이 끝나는 밤 10시 대치동 학원가에서 지친 표정으로 쏟아져 나오는 학생들 모습이 뉴스 자료 화면으로 비춰졌다. 그날 수학 탐구활동을 하며 즐거워하던 학생들의 해맑은 표정이 대비되며, 수학 탐구와 체험 기회를 확산시켜야겠다는 의지를 갖게 되었다.

입법 기관인 국회는 법을 만들고 예산을 확보해서 정책이 잘 수립·운영되도록 위로부터 아래로 기반을 만드는 것이 우선이다. 하지만 실제적인 활동을 통해 아래로부터 위로 정책을 유도하는 것도 필요하다. '찾아가는 수꿈이 수학버스'는 학생과 수학 사이의 거리를 좁히고 수학에 흥미를 갖게 하는 아래로부터 위로의 운동이었다.

정치비타민

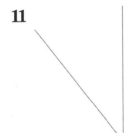

11 R&D 예산 삭감과 필즈상

예산은 흔히 '숫자로 표현된 정책'이라고 한다. 윤석열 정부는 2024년 정부 R&D 예산을 전년도보다 16.6%나 축소해서 편성했다. 윤 대통령이 과학기술계 '카르텔'을 성토하더니 R&D 예산을 대폭 삭감한 것이다. 1991년 이후 정부 R&D 예산이 줄어든 건 처음 있는 일로, '과학기술 입국'을 기치로 내걸고, 과학방역 등 사안마다 과학을 외쳐온 현 정부의 표리부동을 보여준다.

국제저명 학술지 〈사이언스〉와 〈네이처〉도 이 상황을 심각하게 보도했다. 〈사이언스〉는 한국이 과학투자 챔피언이었는데, 윤 대통령의 '약탈적 이권 카르텔predatory interest cartels' 발언 이후 갑작스럽게 정부 R&D 예산이 삭감되었으며, 재조정된 예산 내용이 불투명하고 정부가 연구자들과 소통하려는 노력도 제대로 하지 않았다고 비판했다.

우리나라 정부 R&D 예산에서 기초연구비가 차지하는 비중은 주요국보다 낮은 수준인데, R&D 예산 자체가 줄면서 기초연구비 기근은

필즈상 수상자 초청 오찬간담회

더욱 심각해졌다. 미래에 대한 투자인 R&D 예산 삭감으로 직격탄을 맞게 되는 건 대학원생, 박사후연구원(포닥) 등 젊은 연구자들이다. 이 사태 속에 1년 전 허준이 교수의 필즈상 수상을 되돌아보게 된다. 앞으로 제2, 제3의 허준이 교수를 키워내기 위해서는 정부 R&D 예산을 늘리고 기초연구비를 확대해야 하는데, 연구비 삭감으로 잠재력이 높은 기초과학 연구자들의 설 땅이 좁아진 것은 국가적으로 큰 손실이다.

허준이 교수의 국회 간담회

2022년 7월 허준이 교수(미국 프린스턴대 교수, 한국 고등과학원 석학교수)가 필즈상 수상자로 선정되었다는 낭보가 날아들었다. 허준이 교수는

허준이 교수와 함께 사랑재 앞에서

'리드 추측'과 '로타 추측' 등 수학의 난제들을 증명하면서 인간 지성의 한계에 끊임없이 도전해왔는데 마침내 필즈상 수상자라는 명예의 전당에 이름을 올리게 되었다. 노벨상에는 수학 분야가 없기 때문에 필즈상은 수학 노벨상이라 불리는데, 필즈상은 40세 이하의 수학자에게 4년에 한 번 주어지기 때문에 일면 노벨상보다 더 받기 힘든 상이다. 1983년생인 허준이 교수가 2022년에 수상을 했으니 연령상으로는 필즈상 막차를 탄 셈이다.

수학을 비롯한 기초과학 연구 지원 부처는 과학기술정보통신부로, 국회에서는 과학기술정보방송통신위원회와 예산결산특별위원회에서 이를 논의하고 관련 예산을 다룬다. 국회의장 비서실장이던 나는 기초과학 연구 지원을 확대하고 연구자들이 단기적인 성과 산출에 치중하지 않고 안정적으로 연구하는 환경을 조성하기 위해서는 허준이 교수가 국회에서 목소리를 내는 게 필요하다고 판단해 간담회를 제안했다. 허준이 교수는 흔쾌히 응했고, 대한수학회 회장, 고등과학원 원장 등과 함께 2022년 8월 19일 국회 사랑재에서 오찬간담회를 개최했다.

허준이 교수는 간담회 모두발언에서 이렇게 말했다.

"수학자 입장에서 현대사회에서 여러 가지 일을 할 때 가장 기초가 되는 언어가 수학이다. 수학을 충분히 다루지 못하는 것은 현대사회에서 문맹이 되는 것에 견줄 수 있다. 사회 전반적으로 수학적 교양이 충분히 높아져서 모든 사람이 정확하고 깔끔하며 논리적으로 생각할 수 있는, 기초적 학문이 잘돼 있는 사회가 됐으면 좋겠다."

허준이 교수가 정치적인 의도를 가지고 한 멘트는 아니었지만, 윤석열 정부에서 도저히 이해가 되지 않는 '비논리적'인 일들이 다반사인데, 이를 '논리적'으로 바로잡는 데 있어 수학이 모종의 역할을 할 수 있지 않을까 하는 생각이 들었다. 추정과 억측에 의존하지 않고 사실에 기반하고 논리를 추구하는 수학의 본질이 우리 사회를 반듯하게 세우고 정화하는 기능을 할 수 있기 때문이다. 그러나 윤석열 대통령의 훈수 한마디에 이루어진 R&D 예산의 비논리적인 삭감은 그 후과가 수십 년간 계속된다는 면에서 큰 우려를 하지 않을 수 없다.

정치비타민

간담회에서 나는 다음과 같이 발언했다.

"허준이 교수가 필즈상을 수상하며 언론의 화려한 주목을 받았지만, 그 결과에 이르기까지 거쳐온 지난한 연구의 과정을 함께 떠올려야 합니다. 1995년 수학의 난제 '페르마의 정리'를 증명한 앤드루 와일즈 교수는 BBC 다큐멘터리에서 7년간의 고독한 증명 과정을 떠올리면서 눈물을 지었습니다. 와일즈 교수는 수학을 연구하며 증명의 아이디어를 찾는 것은 깜깜한 방에 들어가서 좌절을 느끼다가 마침내 스위치를 찾고 불을 켜는 경험이라고 비유한 바 있는데, 허준이 교수도 비슷한 과정을 거쳤을 것입니다. 허준이 교수는 대수기하학의 방법론으로 조합론의 난제를 풀어냈는데, 정치도 경계를 허물며 상이한 영역을 넘나들면 산적한 문제를 해결하는 단초를 찾을 수 있으리라 생각합니다."

이어 허준이 교수에 대한 덕담으로 발언을 마쳤다.

"수학 분야에서 필즈상과 쌍벽을 이루는 게 아벨상입니다. 필즈상Fields medal이 비교적 젊은 수학자에게 주어지는 반면 아벨상Abel prize은 일생에 걸쳐 이룬 수학적 업적을 기려 수상자를 결정하는데, 노벨상과 아벨상을 모두 석권한 수학자도 여럿 있습니다. 허준이 교수가 먼 훗날 아벨상까지 수상하는 쾌거를 이루기 바랍니다."

수학과 인생과 정치의 두 가지 질문

어릴 때부터 사교육의 수혜를 받으며 수학올림피아드 준비를 하고 영재고, 과학고를 거친 전형적인 직선코스의 한국형 모범생과 달리, 허준이 교수는 학창 시절 시인을 꿈꿨고 고등학교를 자퇴한 범상치 않은 이력을 가지고 있다. 수학에서 두 점을 잇는 최단 거리는 직선이지만, 허준이 교수에게는 구불구불해 보이는 길이 지름길이었던 것이다.

허준이 교수에게 인생의 전환점을 제공한 분이 히로나카 헤이스케 교수다. 히로나카 교수 역시 필즈상 수상자로, 컬럼비아 대학교와 하버드 대학교 교수를 지냈고 90세가 넘은 현재 서울대학교 수리과학부 석좌교수로 활동하고 있다. 히로나카 교수는 자신의 저서 《학문의 즐거움》에서 한 분야에 깊이 빠져 배우고 깨달음을 얻으며 충만해지는 과정을 기술하고 있다. 허준이 교수는 히로나카 교수의 강의를 들으며 수학을 인생의 이정표로 삼게 되었는데, 앞으로 허준이 교수가 미래 세대에게 히로나카 교수의 역할을 하게 될 것이다.

수학 연구에서 정신적 지주도 필요하지만 연구비 걱정 없이 안정적으로 연구할 수 있는 환경도 중요하다. 이를 위해 허준이 교수는 필즈상 수상 1주년을 맞아 '허준이 펠로우십'을 만들고, 만 39세 이하 청년 수학자들을 지원한다. 정부 R&D 예산이 삭감되는 상황 속에 기초과학 중의 기초인 수학 연구 진작을 위해 국가가 할 일을 개인이 하고 있는 것이다.

허준이 교수는 2023년 7월 19일 '허준이 수학난제연구소' 개소식에서 '같음과 다름'이라는 주제로 특별강연을 하면서 미시간 대학교 수학과 교수의 명언을 소개했다.

"수학과 인생에는 단 두 가지 질문이 있다. 무엇이 참인가? 왜 참인가?"(There are only two questions in mathematics and in life. What is true and why is it true?)

수학의 중요한 특징은 복잡다단한 것을 단순화하는 데 있는데, 수학과 인생을 관통하는 중요한 질문을 두 가지로 잘 집약했다. 그런데 이는 '정치'에도 적용될 수 있을 것이다. 정치에서는 '참'보다는 '옳음'으로 대체하여 정치의 두 가지 질문은 "무엇이 옳은가? 왜 옳은가?"가 아닐까 싶다.

12 사교육과 선행학습

사교육은 공교육이 존재하기 때문에 그에 종속하여 존재하며, 공교육의 형태를 모방한다는 측면에서 '그림자 교육shadow education'이라고 한다. 원래 사교육은 공교육에서 제공하지 못하는 영역의 교육을 제공하는 공교육의 '보완재'의 역할을 해야 하지만, 우리나라에서 사교육은 공교육을 대신하는 '대체재'로 기능하면서 공교육을 무력화시키는 주요 요인이 되어 왔다.

지금까지 사교육 억제를 위한 여러 규제와 대책이 시행되었지만 사교육은 그 대책에 맞대응하고 사교육의 양태를 다양하게 변화시키면서 지속적으로 팽창해왔다. 그 결과 사교육비는 해를 거듭할수록 증가 일로이다. 2007년 교육부와 통계청의 사교육비 조사가 시작된 후 일시적으로 감소된 해도 있으나 대부분은 이전 통계치를 경신하고 있다. 무엇보다 우려되는 것은 사교육비의 차이다.

사교육비에 가장 큰 영향을 미치는 요인인 가구소득과 지역을 기준

국회 대정부질문

으로 서울 지역 월소득 600만 원 이상 그룹과 읍면 지역 월소득 200만 원 미만 그룹의 1인당 사교육비를 비교해보면 2022년의 경우 초등학교 6.9배, 중학교 7.1배, 일반계 고등학교 10.3배 차이가 난다. 2016년 초등학교 5.8배, 중학교 7.8배, 일반계 고등학교 8.4배 차이였던 것과 비교할 때 가구소득과 지역에 따른 차이가 더욱 벌어지는 경향이 있다.

사교육과 선행학습 문제를 제기한 의정활동

나는 20대 국회에서 대정부질문과 국정감사를 통해 사교육에 대해 지속적으로 문제제기를 했다. 소득 분배의 불평등 정도를 나타내는 '지니계수'를 사교육비에 적용한 '사교육비 지니계수'를 조사하고* 사교육비에 대한 정책보고서를 매년 발간했다. 사교육이 계층을 공고화하는 주요 수단으로 작용하는 현실 속에 사교육비 실태를 정확하게 파악하는 것은 무너진 교육 사다리를 복원하는 출발점이 될 수 있기 때문이다.

초등학교 1학년 교육과정과 교과서는 숫자와 한글의 초보부터 익히도록 설계되어 있다. 하지만 대부분의 아이들은 입학 전 숫자와 한글을 익히고 들어오고, 그러다 보니 1학년 수업은 그에 맞추어 진행된다. 또 학교 수업이 선행을 전제로 이루어지니 숫자와 한글에 대한 조기교육을 하지 않을 수밖에 없는 악순환이 계속된다.

이 악순환의 고리를 끊어야겠다는 생각을 오래전부터 했고 2016년 8월 실행에 옮겼다. 선행학습을 전제로 한 수업의 영향이 제일 큰 교과를 담당하는 전국수학교사모임과 전국초등국어교과모임이 함께 '선행학습을 전제하지 않은 수업, 기초가 튼튼한 학교교육 실현을 위한 교사 선언'을 했다. 이어 진행된 협약식에는 교사 단체, 행정주체로 서울교육청과 전국시도교육감협의회, 방송을 통해 캠페인을 펼쳐나가기 위해 EBS가 함께했다. 한편 이런 변화가 실효성을 갖기 위해서는 법의 토대가 필요하므로,「공교육 정상화 촉진 및 선행교육 규제에 관한 특별법」에 '교원은 학생의 학습권 보호를 위해, 학생의 선행학습을 전제로 수업을 하여서는 안 되며, 기초부터 충실히 지도하여야 한다'는 교사의

---

* 지니계수는 0에 가까울수록 평등하고 1에 가까울수록 불평등한데, 우리나라의 지니계수는 0.3대이고, 2007년 이후 사교육비 지니계수는 0.5대이다. 소득 분배의 불평등보다 사교육비의 불평등 지수가 높다는 것은 미래의 불평등이 심각해질 것이라는 면에서 우려되는 결과이다.

정치비타민

책무 조항을 신설하는 개정안을 제출했다. 이런 노력은 초등학교 1학년 국어와 수학 수업을 정상화시키는 계기가 되었다.

사교육 대응 방안

우리 사회는 사교육 창궐이라는 심각한 병에 걸려 고열이 끓고 있다. 첫째 대응 방안은 해열제를 주는 대증요법이다. 학원 운영 시간을 밤 10시로 제한하고 학원의 선행교육 광고를 금지하는 등의 규제가 이에 해당할 것이다. 흔히 사교육은 망국병으로 여겨지기 때문에, 전두환 정권이 유일하게 잘한 일은 과외금지 조치라고 평가하기도 한다. 하지만 과외교습을 금지한 법률은 국민의 기본권 침해라는 면에서 2000년 위헌 결정이 내려졌기 때문에 사교육을 직접 규제할 수는 없다. 단 국회에서 제정한 「공교육 정상화 촉진 및 선행교육 규제에 관한 특별법」이 2014년부터 시행되고 있는데, 공교육에서 선행교육을 금지함으로써 사교육의 선행교육을 억제하는 우회적인 효과를 기대할 수는 있다.

그러나 이 법이 시행되고도 사교육비의 특별한 변화가 없었으니 규제를 통한 대증요법은 효과가 제한적이다. 사교육에 대한 근본적인 수요를 줄이지 못한 채 인위적인 억제책을 쓰면 사교육 총량은 줄지 않고 대개는 '풍선효과'만 유발하게 된다. 교육은 여러 요인이 맞물려 돌아가는 유기체와 같기 때문에, 전체 체제를 그대로 둔 채 부분적으로 규제하는 것은 한계를 가질 수밖에 없다.

둘째는 병에 걸리지 않도록 기초 체력을 기르는 것으로, 대학 서열에 따른 차별을 줄이고 학력주의, 학벌주의를 타파해 사교육 수요를 줄이는 것이다. 최종 학력이나 졸업 학교에 따른 임금과 사회경제적 지위의 차이를 줄인다면, 명문대 선호 현상이 약화되고 대입 경쟁이 덜 치열해지면서 특목고·자사고 선호 현상이 줄어들며 사교육비가 감소하는 선순환이 일어날 수 있다. 그런데 이는 전반적인 인식 변화와 사회구조적 변화를 수반하는 만큼 장기간에 걸쳐 추진해야 한다.

셋째는 병을 제대로 치료를 하는 것으로 공교육 강화가 답이다. 공교육 교사는 대부분 치열한 교원임용시험을 뚫고 임용된 재원들이다. 공교육 교사의 역량은 사교육에 결코 뒤지지 않지만, 각종 행정 업무로 수업 준비에만 온전히 집중할 수 없는 한계가 있다. 교사의 행정 업무를 간소화하고 전담 인력을 확충해서 교사가 교재 연구와 수업의 질을 높이는 데 전력할 수 있도록 해야 한다. 더불어 공교육의 경쟁력을 높이는 근원적 대책 가운데 하나가 교사 연수다. 교육의 질은 교사의 질을 넘어설 수 없다는 자명한 명제에 비춰볼 때, 교사의 수업 전문성 신장을 위한 연수 기회를 더 풍부하게 제공해야 한다.

교사연수는 '자격연수'(1급 정교사, 교장, 교감연수)와 '직무연수'로 구분된다. 외국의 경우 주기적으로 교사연수를 받고 교사자격증을 갱신하는데 우리의 경우 정년에 이르기까지 반드시 받아야 하는 자격연수는 1급 정교사 연수 단 한 번이다. 자격연수를 추가로 실시해 전공 교과 지식과 수업 기법을 업데이트하는 기회를 제공할 필요가 있다. 직무연수는 의무는 아니지만, 교사의 성과급 산정 기준으로 작용하기 때문에 대부분의 교사가 일정 시간 연수에 참여한다. 그런데 연수의 내용이 교양 차원이거나 원격연수가 많아, 교육의 본령에 맞닿아 있는 교과 지식과 교수법을 다루는 집합연수 위주로 강화할 필요가 있다.

선행학습은 '일어서서 영화 보기'

사교육을 통해 주로 일어나는 것은 선행학습이다. 자기가 속한 학년보다 몇 년씩 앞당겨 배우는 선행학습이 보편화되어 있어, 초등학생이 '수학의 정석'을 공부한다고 해도 그리 놀랍지 않은 게 현실이다. 이처럼 사회현상으로 고착화되고 있는 선행학습은 '일어서서 영화 보기'에 비유될 수 있다. 영화관에서 맨 앞 줄 관객이 일어나면 다음 줄 관객은 할 수 없이 일어서고 결국 모든 사람이 일어나는 것과 같이, 선행학습도 일부 학생이 시작하면 따라할 수밖에 없다. 앉아서 보나 서서 보나 동일한데 괜히 일어나 관람함으로써 피로감만 쌓이는 것처럼 선행학습은 소모적이다.

선행학습을 억제하는 방안 중의 하나가 선행학습을 통해 이득을 얻기 어려운 평가 체제를 만드는 것이다. 선행학습을 하는 이유는 앞당겨 배운 내용이 현재의 시험에 도움이 될 수 있기 때문이다. 일부 학교에서는 변별력 확보를 위해 중학교 함수 문제가 고등학교 함수 내용을 전제로 출제되는 식으로 상위 학교급의 내용을 알면 간편하게 풀 수 있는 경우가 있다. 선행학습이 현재 학년 시험에서의 유리함으로 연결되지 않도록 관리 감독을 한다면 경감 효과가 있을 것이다.

두 번째는 선행학습에 대한 인식의 변화이다. 교육과정과 그에 기초해서 집필되는 교과서는 학습자의 인지발달 단계와 사고의 수준을 고려하여 구성한 것이다. 선행을 하게 되면 학습자가 내용을 소화하기 어려운 시기에 먼저 피상적으로 배우고, 막상 이를 소화해낼 수 있는 시기에는 이미 아는 것으로 간주하여 대충 넘어가는 악순환이 이루어질 수 있다.

예를 들어 중학교에서 배우는 방정식을 초등학생인 옆집 아이가 푸는 것을 보면 불안감이 엄습해서 우리 아이도 빨리 학원에 보내야 한다는 조급증을 갖기 쉽다. 하지만 특수한 경우를 제외하고 초등학생에게는 산술적 사고가 자연스럽고 중학생이 되어야 대수적 사고를 할 수 있는데, 방정식을 푸는 것은 대수적 단계에서 가능한 일이다. 즉 산술적 단계의 초등학생이 선행학습으로 대수적 단계의 방정식을 푼다고 할 때, 그 과정의 본질을 제대로 이해하기보다는 방정식의 해를 구하는 방법을 모방하는 정도에 그치는 경우가 많다. 초등학생을 대수적 단계에 성급하게 진입시키는 것은 득보다 실이 클 수 있다. 물론 선행학습을 통해 앎의 즐거움을 경험하는 극소수의 뛰어난 학생도 있지만 대부분은 선행학습의 부작용이 더 크다.

〈이상한 나라의 수학자〉

사교육과 선행학습 측면에서 문제의식을 던지는 영화가 〈이상한 나라의 수학자〉다. 이 영화는 탈북 천재 수학자로 신분을 감춘 채 자사고 경비원으로 살아가는 리학성과 이 학교 학생인 한지우 사이의 각별한 우정을 훈훈하게 그렸다. 유복한 환경에서 자라면서 사교육과 선행학습으로 무장한 자사고 학생들 사이에서, 사회적 배려 대상자로 입학해 우직하게 학교수업만 듣는 한지우는 천연기념물 급이다.

자사고 학생들 사이에서 섬처럼 소외된 한지우는 리학성의 지도를 받으며 수학에 대한 배움의 갈증을 해소해 나간다. 리학성은 답을 맞추는 것보다 답을 찾는 과정이 중요하다면서, 과정은 도외시한 채 결과로써의 하나의 정답만을 신성시하는 교육 현실을 비판한다. 이 영화는 상위 1%가 다니는 자사고를 통해 우리 사회의 교육 문제를 적나라하게 드러낸다.

영화를 보기 전, 제목의 '이상한 나라'가 무엇을 의미할까 궁금했다. 리학성은 북한에서 수학이 무기 개발이나 해킹을 위한 목적성을 가진 학문이라는 점에서 환멸을 느껴 남한에 왔다. 그런데 남한에서 수학은 점수로 학생들을 줄 세우는 도구이자 좋은 대학에 진학하는 수단으로 기능하고 있다. 수학을 대하는 태도가 남북한 모두 정상은 아니기에 영화 제목에 '이상한 나라'를 포함시켜 문제의식을 던진 것이다. 수학과 교육에 있어 '이상한 나라'를 '정상인 나라'로 변모시키는 게, 나에게 주어진 책무일 것이다.

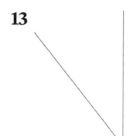

13 고교학점제와 수능

학교교육이 초등학교와 중학교까지는 기본 소양을 길러주기 위한 공통교육에 치중하지만, 고등학교는 학생의 적성과 흥미가 뚜렷해지고 진로가 분화되는 시기이기 때문에 이와 연계된 맞춤교육의 필요성이 높아진다. 이런 차원에서 구상한 것이 문재인 정부의 교육 분야 시그니처 대선공약이자 국정과제인 고교학점제다. 고교학점제는 고등학생도 대학생처럼 원하는 과목을 신청하고 이수 기준을 충족하면 학점을 취득하고, 이 학점들을 누적해서 졸업 요건에 도달하면 졸업하는 제도다. 고교학점제와 관련해 나는 문재인 대통령의 대선 공약을 만들 때 함께했고, 국회 교육위원회 위원과 청와대 교육비서관으로 이 제도의 시행에 대한 준비를 했기 때문에 각별한 관심을 가지고 있다.

고교학점제가 시행되면 교육과정, 학사운영 면에서 괄목할 만한 개선이 이루어지게 된다. 고교학점제 이전이 '공급자 중심의 획일적 교

정치비타민

육과정'이었다면 이후는 '수요자 중심의 선택형 교육과정'이다. 이전이 '학급별 시간표'였다면 이후는 '개인별 시간표'로, 이상적으로는 n명의 학생이 있다면 n개의 시간표가 존재하게 된다. 물론 현실 여건상 그 정도까지 개별화된 시간표가 가능하기는 어렵겠지만, 이전보다는 훨씬 더 맞춤교육에 가까워진다.

절대평가와 대입제도 개편안

고교학점제의 정착을 위해서는 내신 절대평가*가 전제되어야 한다. 현재의 9등급 상대평가에서는 본인의 적성과 진로에 부합되는 과목이라도 성적의 유불리 때문에 과목 선택에 제약을 받는다. 5등급 절대평가에서는 등급별 비율이 정해져 있는 게 아니라, A(90점 이상), B(80점~90점), C(70점~80점), D(60점~70점), E(60점 이하)로 구분되기 때문에, 상위권 학생 다수가 듣는 고난이도 과목을 선택해도 등급의 불리함이 적어져 과목 선택의 왜곡이 줄어들게 된다. 교육적으로 바람직한 것도 절대평가다. 상대평가에서는 같은 반 옆의 친구와 경쟁해야 하지만, 절대평가에서는 설정된 목표와 경쟁하는 것으로, 함께 노력해 함께 좋은 등급을 받기 위해 협력적 관계를 유지할 수 있다. 단 절대평가가 적용되면 변별력이 약화된다는 단점이 있기 때문에, 문재인 정부에서는 절대평가의 틀을 유지하되, 고등학교 공통과목에는 절대평가(A~E)와 더불

---

* 절대평가는 성취에 근거한다는 측면에서 '성취평가제'라는 용어로 사용해오기도 했으나, 여기서는 절대평가로 통일했다.

어 상대평가 등급(1~9등급)을 병기하고, 선택과목은 온전하게 절대평가를 적용하는 것으로 현실과 이상의 타협점을 찾은 바 있다.

2022 개정 교육과정과 고교학점제에 연동되는 2028학년도 대입제도는 「고등교육법」에 명시된 대입정책 4년 예고제에 따라 2024년 2월까지 확정지어야 하는데, 교육부는 2023년 10월에야 개편안을 발표했다. 이에 따르면 고등학교 내신은 모든 과목에 대해 절대평가(A~E)를 하면서 상대평가 등급(1~5등급)을 함께 기재하는 것으로 바뀌었다. 고교학점제와 상대평가는 양립하기 어려운데, 상대평가 등급을 병기하기로 하면서 고교학점제가 무력화될 위기에 처했다. 문재인 정부가 오랜 기간 준비하고 노력을 기울여온 고교학점제가 표류하게 될 가능성이 높아졌다.

교육부가 함께 발표한 수능 개편안도 허술하다. 첫째, 수능 대상 과목이 협소해 파행적인 학사 운영을 가져올 수 있다. 고등학교 과목은 공통과목, 선택과목(일반선택, 진로선택, 융합선택)으로 구분되는데, 학교에 따라 차이는 있지만 대개 1학년에 공통과목, 2학년에 일반선택 과목, 3학년에 진로선택과 융합선택 과목을 편성한다. 수능 과목은 국어·영어·수학이 2학년 일반선택, 사회·과학이 1학년 공통과목이다. 수능에 초점을 맞출 수밖에 없는 고교수업에서 3년 내내 수능 과목을 반복하는 '이중시간표' 현상이 더욱 심화될 수 있다.

둘째, 문·이과 구분을 벗어나 융합형 인재를 양성한다는 취지는 공감하지만, 수능에서 사회·과학을 필수화하고, 국어·영어·수학까지 모든 수험생이 동일한 시험을 치르도록 한 것은 전체주의적 발상이다. 특히 수능 과목인 통합과학과 통합사회는 중학교 내용을 일부 포함하면서 본격적인 과학과 사회 과목을 공부하기 위한 토대가 되는 과목으로, 융합적 접근의 내용이라 5지선다형으로 묻기에는 적절치 않다.

셋째, 개편안이 도출된 절차적 문제이다. 수능은 교육과정·고교학점제와 맥을 같이해야 하고, 변별력이 높아야 하며, 공교육 정상화에 기여하면서 사교육의 성행을 가져와서는 안 되는, 다양한 요구를 동시에 충족시켜야 한다. 개편안은 어떻게 나오더라도 비판에 직면할 수밖에 없는데 그럴수록 필요한 게 사회적 합의다. 교육부가 '밀실'에서 만든 단일안에 대해 '국가교육위원회'를 통해 의견수렴을 한다는데, 공론화의 본질을 살리려면 복수의 안을 놓고 난상토론을 벌여야 한다. 교육부는 비판에 노출되는 것을 두려워하지 말아야 한다.

킬러문항 논란과 수능의 방향

2023년 6월 모의평가와 관련해 윤석열 대통령은 느닷없이 수능 '킬러문항'을 언급했고, 교육부는 킬러문항 핀셋 제거를 수능 개선의 최대 과제로 추진했다. 킬러문항은 공교육을 통해 대비가 어렵고 수험생의 부담을 가중시키기 때문에 지양해 가야 하지만 수능을 몇 개월 앞두고 급하게 밀어부칠 일은 아니다.

킬러문항 논란은 중국의 제사해除四害 운동을 연상시킨다. 제사해는 인민에게 해로운 쥐, 모기, 파리, 참새의 네 가지, 즉 사해四害를 제거한다는 운동이다. 참새의 경우 마오쩌둥이 참새가 곡식을 쪼아먹는 것을 보고 "저 새는 해로운 새다"라고 한마디 던지면서 사해에 포함됐다.

당시 중국에서는 참새를 새총으로 잡기도 하고, 참새가 땅에 내려앉지 못하고 계속 하늘을 날다가 지쳐 죽게 만들기 위해 냄비와 프라이팬을 두드리는 희극적인 장면이 연출되었고 수억 마리의 참새가 죽었다. 그런데 해충을 잡아먹던 참새가 사라지자 해충이 급증하고 전염병까지 창궐하게 되었다. 결국 농업생산량이 급락했고 몇천만 명이 아사하는 대재앙이 발생하게 된다.

곡식을 축내는 참새를 없앤다는 생각과 사교육을 유발시키니 킬러문항을 없앤다는 생각은 한 면만을 본다는 측면에서 닮아있다. 참새가 제거되었을 때 발생하는 자연생태계의 파괴와 킬러문항이 제거되었을 때 입시생태계의 교란은 비슷한 면이 있다. 교육부는 킬러문항 배제가 꼬인 매듭을 잘라버리는 쾌도난마식 해결이라고 생각한 것 같은데, 교육문제에 있어서는 얽히고설킨 매듭을 하나하나 정성스럽게 풀어가는 지난한 노력이 필요하다.

수능은 교과서적인 지식을 묻는 학력고사를 대체하며 1994학년도에 도입되었다. 초기 수능은 통합교과적 성격을 가진 참신한 문항으로 학생들의 고등사고능력을 측정하는 나름의 역할을 했다. 하지만 학교 수업만으로 수능을 준비하기 어렵다는 비판이 계속되자 점차 고등사고능력보다는 교과 지식을 측정하는 방향으로 변화했다. 수능이 30년간 시행되면서 출제 아이디어는 점차 고갈되었고, 무엇보다 주어진 선택지에서 정답 하나를 콕 집어내는 5지선다형은 미래사회가 필요로 하는 역량을 측정하지 못하는, 시대착오적 방식이라는 비판과 함께 수능도 이제 수명을 다했다는 평가가 나온다.

수능은 초중고 교육이라는 오케스트라의 지휘봉 역할을 한다. 미래 시대가 필요로 하는 창의융합 인재 양성으로 교육 패러다임을 전환하려면, 창의력·문제 해결력·의사소통·비판적 사고력 등의 고등사고 능력을 측정하기 위한 논술형·서술형 시험이 필요하다. OECD 국가 대부분이 표준화된 대입시험을 운영하고 있는데 프랑스의 바칼로레아 Baccalaureate, 독일의 아비투어Abitur, 영국의 에이레벨A-level 등 논·서술형이 대세다. 우리와 같이 치열한 대입 경쟁으로 객관화된 채점이 필요한 중국도 대입시험인 가오카오高考에 논·서술형을 포함하고 있다.

수능에 통합교과적인 논술형·서술형을 일부 도입하되, 'P/F(Pass/Fail)'로 기본만 갖추면 패스시켜 통과율을 80% 이상이 되도록 하면, 자신의 생각을 글로 정리하는 교육이 초중고에서 강조되면서도 사교육 유발 가능성은 낮다. 채점의 공정성 문제는 급속도로 발전하고 있는 인공지능AI 기반의 채점을 활용할 수 있다.

우리의 미래를 담보할 교육의 이정표를 제시하는 수능 개편안에 대해 교육주체들이 광범위하게 참여해 시끌벅적한 토론을 벌이고, 생각의 간극을 좁히는 과정에서 사회적 신뢰와 공감을 확보해야 한다.

14   창의력 교육

한때 '산토끼'의 반대말에 대한 유머가 유행했다. 가장 낮은 수준에서는 어순을 거꾸로 하는 '끼토산'이라 답하고, 산山토끼로 보면 '집토끼'와 '바다토끼'가 된다. 또한 산生토끼로 해석하면 '죽은 토끼', 산買토끼의 관점에서 보면 '판賣토끼', 산酸토끼라고 볼 때는 '알칼리 토끼'도 답이 될 수 있다. 웃자고 만든 유머지만, 산토끼를 다각도로 해석해서 나름의 답을 내고 각각의 답이 존중받는 풍토를 만들어야 한다는 면에서 유머를 넘어 교육적 시사점을 준다.

다양한 사고를 도출하는 교육

교육에서 중요한 것은 하나의 공인된 생각을 따라 하는 것이 아니라, 학생이 스스로의 생각을 자유롭게 표현하고 그 생각의 타당성을 따져 보면서 사고와 인식의 수준을 상승시켜 가는 것이다. 이와 관련된 사례를 덴마크의 물리학자 닐스 보어 Niels Bohr에서 찾을 수 있다. 보어는 코펜하겐 대학의 교수로부터 기압계로 건물의 높이를 재는 방법이 무엇인지 질문받고 무려 8가지의 답을 내놓았다.

건물의 바닥과 꼭대기에서 잰 기압의 차이를 이용해 높이를 계산하는 게 출제자가 의도한 정답이자 보어의 첫 번째 방법이다. 보어는 그이외에도 '기압계에 밧줄을 매서 떨어뜨리고 그 길이를 측정한다', '건물의 그림자와 기압계의 그림자의 길이를 구하고 닮음비를 이용한다' 등의 방법을 제시했다. 문제에서 기압계가 주어졌기 때문에 기압계의 기능을 반드시 써야 한다고 생각할 수 있는데 '기압계를 자유낙하시켜 바닥에 도달하는 데 걸린 시간으로 측정한다'는 답에서는, 기압계를 여느 물건과 동일하게 취급해서 자유낙하의 실험대상으로 삼았다.

마지막 답안은 관리인에게 기압계를 선물하고 건물의 높이를 알아내는 것으로, 보어가 원리원칙에만 충실한 물리학자가 아니라 현실론자이기도 했음을 보여준다. 보어의 다양한 아이디어를 접한 교수는 고무적인 반응을 보이며 격려해주었고, 보어가 양자역학의 기초를 세우며 아인슈타인과 쌍벽을 이루는 세계적인 물리학자로 성장하는 데 도움을 주었다.

기압계로 건물의 높이를 재는 방법과 같이 서술형으로 물어야 다양한 아이디어와 답을 기대할 수 있는데, 우리의 시험은 단편적인 지식을 암기해서 답하는 문제 위주다. 중학교 사회 시험문제의 예를 들어보자.

문제 세계에서 해돋이를 가장 먼저 볼 수 있어 관광 산업이 발달한 나라는?
① 나우루 ② 러시아 ③ 뉴질랜드 ④ 키리바시 ⑤ 말레이시아

정답은 날짜변경선에 가장 가까운 국가인 키리바시다. 이 문제에서 정답을 찾는 능력이 의미가 없는 것은 아니지만, 그보다는 세계에서 해 돋이를 가장 먼저 볼 수 있는 국가를 찾을 때 어떤 조건을 고려해야 하 는지를 서술형으로 묻는 게 더 적절할 수 있다.

미래학자 앨빈 토플러는 저서 《부의 미래》에서 무용한obsolete 지식 knowledge을 '무용지식obsoledge'이라 명명했다. 사고를 확장하며 창의력을 키워야 할 학생들이 시험에서 짧은 시간에 정답을 찾기 위해 무용지식 을 머릿속에 구겨 넣으며 상상력을 고갈시키지 않는지, 우리의 교육 현 실을 성찰해 보게 된다.

1994년 '서태지와 아이들'은 교육 현실을 적나라하게 비판한 '교실 이데아'를 내놓았다. '매일 아침 일곱 시 삼십 분까지 우릴 조그만 교실 로 몰아넣고 전국 구백만의 아이들의 머릿속에 모두 똑같은 것만 집어 넣고 있어'라는 이 노래에 대한 반응은 열광적이었다. 안타깝게도 30 년이 지난 지금 '똑같은 것만 집어넣고' 있는 현실은 그다지 변하지 않 았고, 저출산 시대로 '구백만의 아이들'은 부러운 숫자가 되어버렸다.

AI의 시대, 디지털 전환의 시대에는 '똑같은 것만 집어넣고'가 아니 라 '다양한 것을 만들어내는' 교육이 필요하다. 학생이 숙지해야 할 완 결된 지식을 집어넣는 게 아니라, 학생의 사고와 경험을 재구성하는 데 필요한 소재를 제시하고, 다양한 사유와 탐구로 의견을 만들도록 이끌 어주어야 한다.

이를 위해 수업 방법을 과감하게 혁신할 필요가 있다. 학생들의 주 체적인 사고가 상실당하는 권위적인 수업에서 벗어나 창의적인 발상

정치비타민

과 비판적인 사고가 격려 받는 수업으로 변해야 한다. 혁신적인 수업 방법으로, 온라인으로 예습하고 오프라인 수업에서는 질문과 토론을 하는 '거꾸로 수업Flipped Learning', 짝을 지어 토론하고 논쟁하는 유대인 교육법 '하브루타', 실생활과 관련된 프로젝트를 협력적으로 수행하는 'PBLProject Based Learning', 글과 이미지를 함께 이용해 생각한 것을 직관적으로 표현하는 비주얼씽킹Visual Thinking 등이 있다.

사물과 현상을 여러 각도에서 바라보기

혁신적인 수업과 관련해서 떠오르는 영화가 〈죽은 시인의 사회〉이다. 이 영화는 명문대 입학을 지상 최고의 목표로 여기는 미국 동부의 사립기숙학교를 배경으로 펼쳐진다. 학업 이외의 생각은 사치로 여기고 엄격한 규율을 강조하는 학교에 새로 부임한 키팅 선생님(로빈 윌리엄스 분)은 학생 스스로 삶을 성찰하며 자아를 찾아가도록 도와준다. 이 학교의 수업은 지식 전달 위주의 설명식으로 진행되어 숨이 막히지만, 키팅 선생님의 수업은 다르다. 자신의 생각을 말하고 토론하는 수업이 학생들에게 '정신적 해방구'를 제공한다.

영화 〈죽은 시인의 사회〉

키팅 선생님은 행진할 때에도

구령에 맞추어 일사분란하게 걷지 말고 자신의 방식대로 걸으라고 요구한다. 또한 수업 시간 중 학생들에게 교탁 위에 올라가 보게 한다. 익숙한 시야를 제공하는 높이와 각도에서 벗어나 교탁에 올라서면 사물이 얼마나 다르게 보이는지, 낯설음을 경험하게 하려는 것이다. 이처럼 틀에 박히지 않은 수업으로 학생들에게 영감을 주던 선생님은 결국 학교를 떠나게 된다. 이 영화의 하이라이트는 선생님과 이별하는 날, 학생들이 책상에 올라가 월트 휘트먼의 시 〈대장님, 우리 대장님^{O Captain! My Captain}〉을 외치며, 선생님에 대한 무한 신뢰와 지지를 보내는 장면이다.

키팅 선생님과 교장 선생님의 대립을 선명하게 보여주는 것이 시詩 수업 장면이다. 키팅 선생님은 시는 머리가 아니라 온몸으로 느끼는 것이라며, 시를 계량화하여 평가하고 이론적으로 해석하는 교과서의 페이지를 찢어버리라고 주문한다. 그러나 키팅 선생님이 떠나고 이 수업을 맡은 교장선생님은 교과서에 적힌 그대로 분석적으로 시를 가르쳐 대비를 이룬다. 시인 예이츠는 '교육은 양동이를 채우는 것이 아니라 불을 지피는 것'이라고 했는데, 교장선생님이 양동이를 채우는 교육이라면, 키팅 선생님은 불을 지피는 교육이라 할 수 있다.

3R에서 4C 교육으로의 변화와 학교 건물

산업화 시대의 교육이 산업역군을 길러내기 위해 읽기, 쓰기, 셈하기의 3R(Reading, wRiting, aRithmetic)에 치중했다면, 4차 산업혁명 시대의 교육은 창의적 글로벌 시민을 길러내기 위해 비판적 사고, 창

경기도 모 고등학교   서울 남부구치소

의력, 협업능력, 의사소통의 4C(Critical thinking, Creativity, Collaboration, Communication)에 주안해야 한다. 영화에서 키팅 선생님은 기존의 생각을 비판적으로 보고 창의적인 아이디어를 내고 타인과 협업하고 의사소통하는 4C 교육을 실천했다고 볼 수 있다.

4C를 강조하는 교육을 위해서는 학교 건물도 중요하다. 2018년 국정감사에서 서울시 교육감에게 두 개의 사진을 보여주고 학교와 교도소를 분간해보라는 질의를 했다. 선택지가 2개이니 정답 확률이 반반인데 당시 교육감은 학교와 교도소를 바꾸어 답을 했다. 그도 그럴 것이, 학교와 교도소는 특색 없는 네모난 건물로, 구분하기 어려울 정도로 구조가 닮아있기 때문이다.

"우리가 건물을 만들고 이후에는 건물이 우리를 만든다(We shape our buildings; thereafter they shape us.)"

1943년 윈스턴 처칠이 남긴 유명한 말이다. 공간은 그곳에서 생활하는 인간의 생각과 행동 양식을 결정한다. 학생들이 깨어있는 시간의 상당 부분을 보내는 삶의 공간으로서의 학교 건물이 중요한 이유다. 현재 대부분의 학교에는 일자형의 긴 복도를 따라 똑같은 크기의 사각형 교실이 늘어서 있고, 교실 앞에는 칠판이 배치되어 있다. 이런 구조에서 교사는 자신을 바라보는 학생들을 대상으로 판서를 하며 일방향 설명 수업을 할 가능성이 높다.

획일적인 공간은 정형화된 사고를 가져오게 마련이다. 교실을 일자로 나열하기보다 다양한 구도로 배치하고 그 사이에 만들어지는 공간을 학생들의 소통과 휴식공간으로 활용할 수 있다. 교실 형태도 반드시 사각형일 필요가 없다. 칠판도 교실 정면에만 둘 것이 아니라, 교실 벽을 따라 네 면에 설치하면 학생들이 자기 생각을 표출하는 장이 만들어진다.

문재인 정부에서 추진한 그린스마트 미래학교는 획일화되고 낙후한 학교 건물에 대한 자성이 한국판 뉴딜 사업과 연계되면서, 학교 공간을 획기적으로 개선하려는 정책적 노력이었다. 고교학점제를 도입하게 되면 과목마다 수강학생 수가 달라지기 때문에 크기를 조절할 수 있는 교실공간이 필요하다. 또한 혁신적 교수·학습을 지원하는 에듀테크 기술과 첨단 ICT 기반 스마트교실, 탄소중립 실현과 환경생태교육을 고려한 그린학교에 대한 시대적 요청도 반영해야 한다.

그린스마트 미래학교는 학교 건물을 디지털과 친환경 기반 첨단학교로 전환하는 국가적 사업으로 기획되었지만, 정권이 바뀌면서 문재인 정부의 것이라면 무엇이든 배격하는 ABM^{Anything But Moon} 속에, 사업은 축소되고 예산이 삭감되며 쇠락의 운명을 맞았다. 전 정권 인사와 정책을 겨냥하고 있는 윤석열 정부의 감사원은 그린스마트 미래학교를 감사계획에 포함시켰다. 학생들의 창의력을 발현시키는 수업을 위한 학교 공간 혁신은 미래에 대한 가장 확실한 투자인 만큼 정권과 무관하게 지속되어야 한다.

2부 국회의 박경미   251

수학으로 풀어본
윤석열 정부의 실정失政

어떤 상황에 부딪히게 되면 오래 몸담아 온 분야인

수학의 개념들을 동원해서 생각을 정리할 때가 있다.

이 상황은 일차함수·이차함수·삼각함수·지수함수·로그함수 중

어떤 함수로 표현될 수 있을지 고민해보기도 하고, 두 가지 사안이 있으면

그것의 교집합과 합집합은 어떻게 될까 생각해보기도 하며,

일어날 가능성을 조건부확률로 계산해보기도 한다.

물론 현실을 수학 개념과 연결시키다 보면 견강부회牽强附會인

경우도 있지만, 그래도 수학은 상황을 이해하고 정리하는

유용한 틀을 제공한다. 우리가 살아내고 있는 윤석열 정부의 시간들,

대통령의 사고는 몇십 년 전에 머물러 있는 듯하고,

대통령으로 국민을 위해 나라를 어떻게 이끌어야겠다는 철학이

부재한 상태에서 취임 후 1년 반 동안 갖가지 사태가 벌어지고

논란이 이어져 왔다. 이를 수학으로 풀어보자.

2NE1

4인조 걸그룹 2NE1은 상당한 인기를 구가하다 2016년 해체되었고 멤버들은 각자 활동을 이어가고 있다. 2NE1은 21세기의 새로운 진화 New Evolution를 뜻하는데, 데뷔 당시 4명 멤버의 평균 연령이 만 21세이고, 2NE1을 발음하면 투엔이원으로 twenty-one이 되어 중층적 의미를 담고 있다. 그런데 수학적으로는 2NE1을 2 Not Equal 1, 즉 2는 1이 아니다, $2 \neq 1$이라는 자명한 명제로 볼 수 있다.

💬 2022년 대선에서 0.73%p의 박빙 승부였지만 그래도 국민들이 대통령으로 뽑은 것은 윤석열 후보 한 사람이었다. 그런데 작금의 상황을 보면 김건희 여사가 운영하던 코바나콘텐츠와 관련된 업체가 관저 공사를 수주하고 사적 인연으로 대통령실에 채용되는 등 국정을 사유화하고 있다는 의혹이 제기된다. 한 예로 김 여사의 대학원 동기가 의전비서관으로 임명되었는데, 자녀 학교폭력으로 물의를 빚으며 물러난 바 있다.

대통령실 홈페이지에 게시되는 사진 중에는 김건희 여사가 중심이고 윤석열 대통령은 주변에 놓여 마치 숨은그림찾기 하듯 대통령을 찾아야 하거나, 김 여사가 대화나 악수를 하는 주체이고 윤 대통령은 배경인 사진이 적지 않다. 두 명의 대통령이 작동하는 '공동정권'이라는 비판도 심심치 않게 제기되는데, 이 대목에서 기시감이 든다. 국민들은 박근혜 대통령 한 명을 뽑았는데 국정 운영에 최순실이 깊숙이 개입하고 있어 1+1이었다. 수학적으로 2와 1이 등치될 수 없는 2≠1인 것처럼 2NE1, 2 Not Equal 1임을 명심해야 한다.

집합

집합^set은 '수학의 문법'으로 비유될 만큼 수학의 토대를 이룬다. 그런 연유로 중장년층의 학창 시절, 중학교 1학년과 고등학교 1학년 수학의 첫 단원은 집합이었다. 집합이 중요한 이유 중의 하나는 두 집합 사이의 연산으로 새로운 집합을 만들어낼 수 있다는 점으로, 대표적인 연산은 교집합 A∩B, 합집합 A∪B, 차집합 A-B이다.

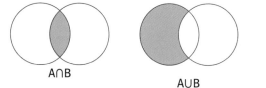

A∩B   A∪B

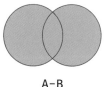

A-B

💬 집합 A를 윤석열 대통령, B를 윤석열 정권의 황태자라 불리는 한동훈 장관이라고 하자. 교집합 A∩B에 해당하는 원소로는 '검찰 출신', '수사 만능주의' 등을 꼽을 수 있다. 윤 대통령과 한 장관의 공동 작품인 합집합 A∪B의 원소는 '검찰공화국' 등이 될 수 있다. 차집합 A-B는 A에는 속하지만 B에는 속하지 않는 원소이다. 한 장관은 윤석열 정권의 호

위무사로 이재명 대표와 관련해 '잡범'이라는 표현까지 동원하고 민주당 의원들에 대한 적대감을 가감없이 드러내왔다. 따라서 윤 대통령에서 한 장관을 제거한 상태는 '야당 대응 전투력 약화'가 될 수 있을 것이다.

소인수분해

간단한 계산식 1234567=127×9721을 예로 들어보자. 좌변에서 우변으로 가는 과정은 주어진 수를 두 소수prime number의 곱으로 나타내는 '소인수분해'이고, 우변에서 좌변으로 가는 과정은 '곱셈'이다. 이 두 가지 과정은 역관계이지만 소인수분해에는 복잡한 알고리즘이 동원되면서 그런 만큼 오랜 시간이 걸리는데 반해, 곱셈은 알고리즘이 단순해서 순식간에 할 수 있다.

일곱 자릿수인 1234567도 소인수분해하는데 시간이 좀 걸리지만 수백 수천 자릿수를 소인수분해하는 데는 상상을 초월하는 긴 시간이 걸리기도 한다. 이런 성질을 이용한 것이 공개키 암호인 RSA 암호로, 이를 발명한 세 명의 학자 리베스트Rivest, 샤미르Shamir, 애들먼Adleman은 2002년 컴퓨터 공학의 노벨상이라고 불리는 튜링상을 수상했다. RSA 암호는 우리가 자주 이용하는 인터넷 뱅킹, 전자상거래에서 활용된다.

💬 2021년 유엔무역개발회의UNCTAD는 대한민국의 지위를 개발도상국에서 선진국으로 변경하는 데 만장일치로 합의했다. 유엔무역개발회의 설

립 이래 개발도상국에서 선진국으로의 격상은 처음 있는 일이었다. 하지만 윤석열 정부의 독선, 독단, 독주로 인해 대한민국은 후퇴를 거듭하고 있다.

한 예로 국경없는기자회의 '세계언론자유지수World Press Freedom Index'는 박근혜 정부인 2016년 70위였다가 문재인 정부인 2019년 41위까지 올랐지만 윤석열 정부인 2023년에는 47위로 떨어졌다. 낙하산 사장에 의해 장악된 KBS는 마치 군사쿠데타와 같이 프로그램을 폐지하고 진행자를 하차시켰으니, 언론자유지수 하락은 계속될 것이다. 〈이코노미스트〉가 선정하는 '민주주의 지수Democracy Index'는 2021년 16위에서 2022년 24위로 8단계나 하락했다.

수학에서 소인수분해는 오래 걸려도 곱셈은 금방인 것처럼, 대한민국을 전 세계적으로 높은 반열에 올린다는 긴 시간이 필요했지만 허물어짐은 순식간이다. 소인수분해의 알고리즘은 복합적인데 반해 곱셈의 알고리즘은 단순한 것처럼, 국격을 올리는 데는 다각도의 노력이 필요하지만 그런 노력을 방기해서 나타나는 후퇴는 쉬운 일이다. 이런 몰락을 저지하는 힘은 수많은 사람의 가슴에 남아있는 노무현 대통령의 말씀에서 찾아야 할 것이다. "민주주의 최후의 보루는 깨어있는 시민의 조직된 힘이다."

실수와 허수

우리가 일반적으로 다루어 온 친숙한 수는 실수(實數, real number)다. 자연수, 정수, 유리수, 무리수 등 실생활에서 접하는 수는 모두 실수다. 실수를 제곱하면, 즉 두 번 곱하면 항상 양수가 된다. 예를 들어 −2를 제곱하면 (-2)×(-2)=4가 된다. 그런데 방정식의 해를 구하는 과정에서 제곱해서 음수가 되는 새로운 수가 필요해졌다. 그래서 고안한 것이 허수(虛數, imaginary number)이다. 이름이 말해주듯 '상상의 수'로, 허수 단위는 i로 표시하고 $i^2=i\times i=-1$이다.

💬 윤석열 정부에서 내놓는 정책은 현실과 동떨어졌다는 측면에서, 또 이를 시행했을 때 마이너스의 효과가 발생한다는 측면에서 허수에 비유할 수 있다. 2023년 6월 윤석열 대통령의 '킬러문항'* 발언 이후 교육부는 사교육 유발의 주범으로 킬러문항을 지목했다. 결론부터 말하면 킬러문항 제거는 허수虛數인 대책이다.

킬러문항은 교육적으로 바람직하지 않지만 나름의 필요에 의해 만들어졌다. 대입을 위해 학생들을 한 줄 세우기 해야 하는 피할 수 없는 현실 속에 킬러문항이 그 악역을 맡았던 것이다. 킬러문항이 사라져도 킬러문항을 배태시킨 필요성은 그대로이기에, 킬러문항을 대체하는 준킬러문항이 등장하게 된다. 소수의 킬러문항은 초고난도이니 최상위권을 제외하고는 대부분 포기하는데, 그보다 많은 수의 준킬러문항이 등장하니 중상위권 학생도 포기할 수 없고, 전체적으로 부담이 더 커진 경향

---

* 초고난도 문항을 뜻하는 '킬러문항'은 학원이 불안 마케팅을 위해 극단적 단어를 결합해 선동적으로 조어한 것인데, 대통령이 앞장서 이 용어를 사용하고 '킬러규제' 등 다른 분야까지 확장시키고 있다. 인간의 생각을 반영하여 용어가 만들어지고 역으로 용어가 인간의 생각을 강화시키기 때문에 '킬러'라는 표현은 재고할 필요가 있다.

이 있다.

한편 킬러문항이 없어지고 만만한 수능이 된다는 인식이 퍼지자 2024학년도 수능에서 N수생이 전체 응시자의 1/3에 육박하면서, 사교육 성행의 또다른 요인이 되었다. 또한 킬러문항이 사라지면 수능 변별력이 낮아지면서 대학별 고사의 비중이 높아질 가능성이 크다. 수능 사교육은 시장이 크기 때문에 강사에 대한 평가가 객관화되어 있고 교육비도 비교적 투명하게 책정되는 데 반해, 대학별 논술과 구술은 시장이 작아 검증이 어렵고 교육비도 더 비싸다. 사교육은 학생과 학부모의 불안감을 먹고 크는 만큼 수능 경향이 바뀌면 이에 기민하게 대응하는 사교육 의존도가 높아진다.

한편 대입 사교육은 잡는다면서 고입 사교육을 부추길 자사고·외고·국제고 존치 결정 역시 허수인 정책이다. 결국 킬러문항 제거라는 허수와 자사고·외고·국제고 존치라는 허수가 만나 사교육은 증폭되니, 사교육 경감 측면에서 음수의 효과가 만들어질 게 불을 보듯 뻔하다.

1+1=?

1+1=2는 절대 진리의 전형으로 받아들여진다. 무언가를 반박할 때 '1 더하기 1이 2가 아니란 말인가'라고 한다. 마치 '해가 동쪽에서 뜬다'는 불변의 진리이고 '해가 서쪽에서 뜬다'는 절대 일어나지 않을 일을 예시하는 것과 유사하다.

그러나 수학에서 항상 1+1=2가 아니다. 자연수 덧셈에서는 1+1=2이지만, 이진법 연산에서 1+1=10이다. 또한 모듈러2(mod2) 연산은 더한 값을 2로 나누었을 때의 나머지로 정하기 때문에 1+1=0이다. 한편 부울 대수에서 1+1=1이다. 부울 대수에서 1은 참, 0은 거짓이고, 1+1은 '참 or 참'이므로 그 값은 참이 되어 1이 된다. 이처럼 수학의 어떤 체계와 연산을 적용하느냐에 따라 1+1의 값은 달라진다.

+	0	1
0	0	1
1	1	10[2]

이진법

+	0	1
0	0	1
1	1	0

모듈러2 연산

+(or)	0	1
0	0	1
1	1	1

부울 대수

💬 윤석열 대통령은 2023년 8월 국민의힘 연찬회에서 '1 더하기 1이 100이라는 세력과 싸워야 한다'고 했는데, 1 더하기 1이 100이라는 세력이 문재인 정부를 말한다면 맞는 말이다. 문재인 정부는 위대한 국민과 손을 맞잡고, 대내외적 악재 속에서도 박근혜 보수정권이 망가뜨린 대한민국을 모든 면에서 안정시키는 성과를 거두었다. 코로나 국면에서 높은 경제성장률을 유지했고, 수출액, 무역수지, 외환보유고, 물가, 주가 지수, 외국인 투자액 등 거의 모든 경제지표가 현 정부보다 좋았고, 국가

부도위험지수(CDS 프리미엄지수)는 가장 낮았다.

그에 반해 윤석열 정부는 문재인 정부가 물려준 성장 동력을 꺼뜨려 경제성장률 전망은 최저치를 갱신하여 25년 만에 일본보다도 낮아진 상태에 이르렀다. 정부에서는 2023년 경제가 상저하고$上底下高$라고 했지만 반등의 기미가 없으니 높을고$高$가 아니라 쓸고$苦$ 상저하고$上底下苦$인 것 같다. 가처분소득은 감소하고 물가는 치솟고 주가와 원화가치는 하락하고 소득불평등 지표는 악화 일로인 가운데 경제가 얼어붙었으니, 모듈러 2 연산과 같이 1+1=0이다. 국민들의 역량을 결집하기는커녕 덧셈을 했는데 그 값이 더 작아지는 1+1=0의 결과를 보여주고 있다.

피타고라스 학파

학창 시절 배운 수학이 아득하게 여겨지더라도 많은 기성세대가 기억하고 있는 게 '피타고라스 정리'다. 직각삼각형에서 성립하는 특수한 성질을 담은 피타고라스 정리는 이름이 말해주듯 피타고라스 학파가 알아낸 것이다. 피타고라스 학파는 만물은 수로 이루어져 있고, 모든 수는 $a:b = \dfrac{a}{b}$와 같이 두 수의 조화로운 비로 나타낼 수 있다는 믿음을 가지고 있었다. 그런데 아이러니하게도 피타고라스 정리로 인해 $\sqrt{2}$와 같이 비$ratio$로 나타낼 수 없는 무리수$irrational\ number$가 등장하면서, 피타고라스 학파의 믿음에 균열이 생기게 된다.

피타고라스 학파는 이런 수의 존재를 비밀에 부치려 했지만, 학파의 일원인 히파수스는 양심선언을 하고 무리수라는 불경스러운 수의 존재를 세상에 알린다. 그로 인해 히파수스는 피타고라스 학파에서 추방당하고 억울한 죽임을 당했다는 야사野史가 전해온다.

💬 윤석열 정부는 2022년 법인세, 종합부동산세 등 대규모 부자감세를 했고, 2023년에도 상속세, 증여세, 양도소득세 등 추가 감세를 추진했다. 미국 바이든 정부는 부자증세 기조로 나가고 있고, 영국은 부자감세 후폭풍으로 트러스 총리가 최단기에 사임했음을 볼 때, 우리나라의 부자감세는 전 세계적인 흐름과도 거리가 있어 보인다. 기재부의 세수 재추계 결과, 예상대로 2023년 국세수입은 60조 가까이 부족해 세수오차율이 14.8%에 달한다. 부자감세로 구멍난 세수는 재정건전성 악화로 이어지는데, 윤석열 정부는 이와 모순되는 재정건전성 강화와 재정준칙 도입을 강조해왔다.

피타고라스 정리에 의해 등장하는 무리수가 피타고라스 학파의 믿음을 배반한다는 것을 용감하게 알린 히파수스처럼 부자감세로 재정건전성이 악화될 수밖에 없음을 알리는 히파수스가 많아져야 할 것이다.

방정식의 근의 공식

얽히고설킨 진술을 짜 맞추는 복잡한 고차방정식 수사 국면
한반도 정세는 복잡한 고차방정식
선거법 고차방정식

언론 기사나 칼럼을 읽다 보면 자주 만나게 되는 용어가 '고차방정식'이다.

일차방정식 $ax + b = 0 (a \neq 0)$의 해는 $x = -\dfrac{b}{a}$, 이차방정식 $ax^2 + bx + c = 0 (a \neq 0)$의 해는 근의 공식 $x = \dfrac{-b \pm \sqrt{b^2 - 4ac}}{2a}$를 통해 구할 수 있다. 삼차방정식과 사차방정식도 근의 공식이라는 일반화된 해법이 있지만, 오차방정식부터는 근의 공식이 존재하지 않는다. 즉 오차방정식이 주어지면 이를 푸는 개별 열쇠는 있더라도, 일반화된 해법인 범용 마스터 열쇠는 없는 것이다. 삼차와 사차방정식은 고차방정식의 범주에 들지만 근의 공식이 있으므로, 해법을 찾기 어려운 상황에 대해서는 '오차 이상의 고차방정식'이라고 하는 게 더 정확하다.

💬 윤석열 정부의 국정 난맥상은 일반화된 해법을 찾기 어렵다는 측면에서 오차 이상의 고차방정식이라 할 것이다. 수출로 먹고사는 대한민국에서 무역수지가 악화되며 경제가 추락하고 있다. 국가위기관리시스템도 재난대응시스템도 작동하지 않는 가운데 10·29 이태원 참사, 오송 지하차도 참사 등 국민의 안전이 무너졌다.

무역수지 적자에 대해 기업이 알아서 플러스로 전환할 방안을 모색해야 하고, 재난으로부터 국가가 보호해주지 못하니 국민 스스로 안전을 지켜야 하는 각자도생의 시대가 되었다. 국가가 경제 살리기와 국민 안전 보장에 일반화된 해법을 내놓고 민관民官이 함께 노력하던 문재인 정부와 달리, 국민 스스로 헤쳐 나가야 하는 윤석열 정부는 근의 공식 없이 각각 해를 찾아야 하는 오차 이상의 고차방정식 상황이라 할 수 있다.

윤석열 정부는 빈대가 출현하자 효과 없음이 이미 밝혀진 살충제를 권장하고, 질병관리청은 민간기업 세스코에게 빈대 퇴치 노화우를 배우는 등 빈대 대응에도 허덕이고 있다. 코로나19가 문재인 정부 시기에 발생했기에 일사분란하게 체계적으로 대응할 수 있었지 윤석열 정부였다면 우왕좌왕하며 훨씬 더 많은 확진자와 사망자를 가져왔을 것이라는 평가가 나오는 이유다. 코로나19가 문재인 정부에서는 근의 공식을 찾을 수 있는 차수가 낮은 방정식이었는데 반해, 윤석열 정부였다면 오차 이상의 고차방정식으로 국민 각자가 살길을 모색해야 되었을 것이다.

함수

중·고등학교 수학을 관통하는 개념 중의 하나가 함수function다. 두 집합 X, Y에서 X의 각 원소에 Y의 원소가 하나씩만 대응될 때, X에서 Y로의 함수라고 한다. 다음 세 가지 대응도에서 (1)과 (2)는 함수이고 (3)은 함수가 아니다.

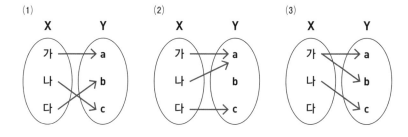

（1)은 X의 각 원소에 Y의 원소가 하나씩만 대응되는 일대일대응으로 함수가 된다. (2)는 X의 원소 '가'와 '나'가 모두 Y의 'a'에 대응되지만 X의 각 원소에 Y의 원소가 하나씩만 대응되는 조건을 만족시키므로 함수다. Y에는 대응되지 않는 원소가 있어도 함수가 될 수 있다. (3)에서 X의 원소 '가'는 Y의 'a'와 'b'에 대응된다. 즉 X의 원소에 Y의 원소가 두 개 대응되므로 함수가 아니다. 뿐만 아니라 X에 대응되지 않는 원소가 있는 것도 함수의 결격 사유가 된다.

💬 X를 정치인, Y를 특정 사안에 대한 입장이라고 할 때, 정치인은 각 사안에 대해 일관된 입장을 가져야 한다는 측면에서 함수로 볼 수 있다. (2)의 경우 정치인 '가'와 '나'가 동일한 입장 'a'를 가질 수 있으므로 함수이지만, (3)과 같이 정치인 '가'가 'a'와 'b'의 두 가지 입장을 가지거나, 정치인 '다'가 입장이 없는 것은 함수의 조건에서 벗어나게 된다.

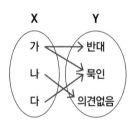

함수를 후쿠시마 오염수 문제에 적용시켜 보자. X를 정치인, Y를 후쿠시마 오염수 방류에 대한 입장이라고 하면, Y의 원소는 '반대', '묵인 (혹은 반대하지 않음)', '의견 없음'이 될 것이다. 야당 의원이었다가 정권 교

일본 정부의 '후쿠시마 방사능 오염수' 방류 결정 규탄 및
원전 오염수의 안전성 확보를 위한 대한민국 정부의
적극적인 대책 촉구 결의안

의 안 번 호	9796

발의연월일 : 2021. 4. 29.
발 의 자 : 조태용·강대식·김기현
　　　　　김석기·김성원·김태호
　　　　　박대수·박 진·이태규
　　　　　전봉민·정진석·정찬민
　　　　　지성호·최형두·태영호
　　　　　한무경 의원(16인)

체로 여당 의원 혹은 행정부와 대통령실의 일원이 되었다고 해서 다른 입장이 되면 X의 원소에 Y의 원소가 두 개 대응되어 함수가 되지 않는다.

조태용 국가안보실장은 2021년 당시 야당 의원으로, 〈일본 정부의 '후쿠시마 방사능 오염수' 방류 결정 규탄 및 원전 오염수의 안전성 확보를 위한 대한민국 정부의 적극적인 대책 촉구 결의안〉을 대표발의했고, 공동발의자에 박진 외교부 장관과 김기현 국민의힘 당대표가 이름을 올렸다. 결의문에는 '후쿠시마 방사능 오염수'라는 용어를 사용하고 있는데, 이후 국민의힘은 일본의 주장대로 '오염수'가 아니라 '처리수'라는 용어를 공식화하기도 했다.

원희룡 국토교통부 장관은 2021년 4월 당시 제주지사로 후쿠시마 원전 오염수 방류와 관련해 기자회견을 하며 "바다를 공유한 인접국과 국민에 대한 폭거로 엄중히 규탄한다"고 했고, 박형준 부산시장은 오염

수 방류 철회를 요구하는 성명서를 일본총영사관에 전달했다. 정치인은 어느 사안에 대해서건 국민과 국익을 우선시하며 일관된 입장을 견지해야 하는데, '두 얼굴의 정치인'이 되면 함수의 조건을 벗어나게 된다.

미분과 적분

미분과 적분은 어려운 수학의 대명사로 인식되고 있지만 아이디어 자체는 간단하다. 미분(微分, differentiation)은 미세하게 나누는 것이고, 적분(積分, integration)은 미분한 것을 쌓아 가는 것이다. 한때 코끼리를 냉장고에 넣는 방법에 대한 유머가 유행했는데, 수학적 방법은 코끼리를 미분한 후 냉장고에 넣고 그 안에서 적분하는 것이다. 미분과 적분의 본질을 잘 담아낸 유머. 미분과 적분은 함수의 변화를 탐구함으로써 다양한 운동과 변화 현상을 다루는 도구로, 중·고등학교 수학의 최종적인 내용에 해당한다.

💬 윤석열 정부는 매사 노골적인 편가르기로 국민분열을 조장하며 미분의 정치를 하고 있다. 윤석열 대통령은 여러 공식 석상에서 '반국가세력'과 '공산 전체주의' 운운하며 국민을 갈라치기 하고 있다. 야당 대표를 만나지 않고 제1당인 야당을 국정 파트너로 인정하지 않으며 정치권 편가르기, 노동 진영을 적대시하고 노조를 탄압하며 경제주체 편가르기, 여성가족부 폐지를 추진하며 성별 편가르기, 대기업과 다주택자 부자 감

세로 가진 자와 그렇지 못한 자의 편가르기, 외교에 흑백논리를 적용해 미국과 일본에 구애를 하고 중국과 러시아를 홀대하며 주변국 편가르기를 하고 있다.

그에 반해 문재인 정부는 적분의 정치를 펼쳤다. 여야정 상설협의체를 가동시키며 야당과의 협치를 시도했고, 경제사회노동위원회를 통해 근로자·사용자 등 경제·사회 주체와 정부가 고용노동정책에 대해 머리를 맞대고 해결책을 고민했다. 저소득층과 장애인을 위한 다양한 복지로 사회적 약자를 끌어안았고, 국익 중심으로 포용적인 외교정책을 펼쳤다. 문재인 정부가 의도한 적분의 정치가 충분히 만족스러운 결과를 가져오지 못했을지 모르지만 나름의 치열한 노력을 했다는 점에서 협치를 거부하고 갈라치기를 하며 미분의 정치를 하는 윤석열 정부와 차별화된다.

변곡점

> 남북정상회담은 한반도 정세의 변곡점
> 부동산, 변곡점이 왔다

일상적인 표현에서 종종 접하는 수학 개념 중 하나가 '변곡점'이다. 수학에서 변곡점 inflection 은 함수를 두 번 미분한 값이 0이 되는 점이다. 그래프로 보면 변곡점은 '아래로 볼록'에서 '위로 볼록'으로, 혹은 그 반대로 볼록한 상태가 바뀌는 점이다. 이처럼 굴곡의 방향, 추세가 바뀌는 점이기 때문에 주식에서의 변곡점은 매수나 매도를 결정하는 중요한 지점이 된다. 다음 그래프에서 변곡점은 아래로 볼록에서 위로 볼록으로 바뀌는 점이고, 아래로 볼록의 최저점이 '극소', 위로 볼록의 최고점이 '극대'다.

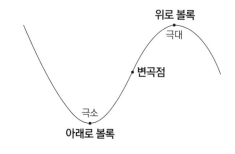

💬 지지율 흐름으로 보면 민주당이 지방선거에서 패한 2022년 6월이 극소에 해당하고, 그 이후 민주당은 상승하고 있고 특히 2023년 10월 강서구청장 재보궐 선거 이후 상승세의 탄력이 붙었다. 민주당은 2022년 대선과 지방선거를 거치며 중앙정부와 지방정부의 상당부분을 넘겨주었지만 그래도 국회에서는 제1당의 자리를 지키고 있어 윤석열 정권에 그나마 대응하고 있다.

윤석열 대통령은 국회의 적법한 절차를 거쳐 최종 의결된 「양곡관리법」, 「간호법」, 「노란봉투법」, 「방송3법」 등 민생에 직결되거나 국민들의 강력한 지지를 받는 법안에 대해 줄줄이 거부권을 행사하고, 이태원 참사의 책임을 물은 행정안전부장관의 해임건의안도 거부하며 명시적으로 국회를 무시하는 행태를 보이고 있다. 문재인 정부 5년 동안 대통령의 거부권 행사가 단 한 번도 없었다는 점과 대비되는 지점이다.

거부권 남발로 의회주의를 파괴하고 있는 윤석열 정부를 견제하는 힘을 유지하기 위해 국회의 지형을 결정하는 총선은 매우 중요하다. 22대 총선에서 민주당이 압도적인 다수를 차지해야 윤석열 정부의 폭정을 막을 수 있다는 면에서 2024년 4월 10일은 절체절명의 변곡점이 될 것이다. 변곡점을 지나서 계속 상승세를 타면서 2026년 지방선거와 2027년 대선에서 승리해야 할 것이다.

뫼비우스의 띠

긴 직사각형 모양의 띠가 있을 때 양 끝을 그대로 연결하면 고리 모양의 보통 띠가 되고, 180° 꼬아 양 끝을 연결하면 뫼비우스의 띠^{möbius strip}가 된다.

뫼비우스 띠는 안팎의 구분이 없다는 독특한 성질을 가지고 있다. 보통 띠는 안과 밖이 있으므로 안쪽에서 선을 긋기 시작했으면 안에만 머물고, 바깥쪽에서 긋기 시작했으면 밖에만 머문다. 그렇지만 뫼비우스 띠는 어느 한 점에서 시작해 선을 그으면 안과 밖 모두에 선이 생기면서 출발한 자리로 되돌아온다. 한편 띠의 가운데를 따라 가위질을 하면 보통 띠는 두 개의 띠로 이등분되지만, 뫼비우스의 띠는 네 번 꼬인 하나의 긴 고리가 된다.

조세희의 소설 《난장이가 쏘아올린 작은 공》은 12편의 연작 단편으로 이루어지는데, 첫 번째 작품이 '뫼비우스의 띠'이다. '뫼비우스의 띠'는 안팎의 구분이 없으므로, 이 작품에서 은유하는 바는 난쟁이와 거인,

피해자와 가해자, 못 가진 자와 가진 자가 이분법적 구도에서 벗어난 평등한 사회를 갈구하는 것으로 해석할 수 있다. 뫼비우스의 띠의 가운데를 따라 잘랐을 때 두 개로 분리되지 않고 연결된 하나의 긴 띠가 만들어지는 성질은, 노동자와 고용주가 대립된 구도를 만들지 않고 나눔을 통해 화합하는 것으로 비유될 수 있다.

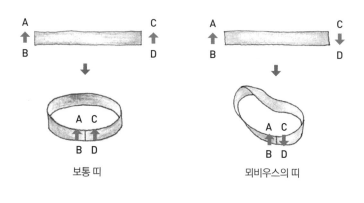

보통 띠

뫼비우스의 띠

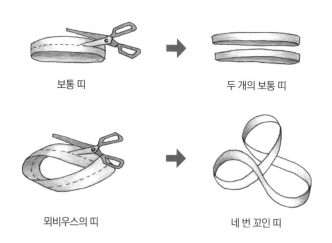

보통 띠

두 개의 보통 띠

뫼비우스의 띠

네 번 꼬인 띠

정치비타민

💬 이러한 성질을 고려할 때 문재인 정부는 뫼비우스의 띠, 윤석열 정부는 보통 띠에 대응시킬 수 있다. 문재인 정부는 한부모 가정 아동 지원 확대, 장애등급제 단계적 폐지, 장애인 연금 지급액 확대, 저소득층 한시 생활지원 실시, 건강보험 보장성 강화, 치매환자 돌봄 부담 완화 등 포용적 복지를 확대하면서 함께 잘사는 나라를 만들기 위해 노력했다. 뫼비우스의 띠는 안팎의 구분이 없고 가운데를 따라 잘랐을 때 하나의 긴 고리가 되는 성질과 연결될 수 있다.

윤석열 정부는 국민건강보험의 보장성을 축소시켜 의료공공성이 약화되었고, 약자 복지가 후순위에 놓이면서 하위 1분위(20%) 저소득층의 적자가구 비율이 증가하고 양극화가 심화되는 등 가진 자와 못 가진 자 사이의 간극이 더욱 커지고 있다. 고리 모양의 보통 띠에서 안팎이 명확히 구분되고, 가운데를 잘랐을 때 두 개의 띠로 이등분되는 성질과 유사성이 있다.

유클리드 〈원론〉

고대 그리스의 수학자 유클리드가 집필한 《원론Elements》은 수학의 바이블과 같은 책이다. 《원론》은 총 13권으로 구성되는데, 공리axiom, 공준postulate, 정의definition를 기반으로 명제proposition들을 연역적으로 증명해낸다. 즉 공리, 공준, 정의라는 약속을 주춧돌로 삼고 하나하나 벽돌을 쌓듯 명제를 논리적으로 추론해서 기하학을 체계화한다. 유클리드는 물리학자 뉴턴에게도 영향을 미쳐, 뉴턴의 《프린키피아》는 몇 개의 '정의'와 '법칙'을 전제하고 이에 기초하여 일련의 '정리'를 이끌어낸다. 스피노자의 《기하학적 순서로 증명된 윤리학》은 《원론》과 마찬가지로 약속된 자명한 사실에서 출발하여 엄밀한 추론을 통해 범신론을 이끌어낸다.

💬 《원론》의 구조는 헌법-법률(법)-대통령령(시행령)-총리령·부령(시행규칙)으로 이어지는 법체계와 유사한 면이 있다. 법체계의 기반을 이루는 헌법은 《원론》의 공리, 공준, 정의에 해당할 것이다. 헌법재판소가 법률이 헌법에 합치하는지 심판하는 것은 그런 이유다. 헌법과 법률의 관계와 마찬가지로, 법률에 기초하여 시행령과 시행규칙이 제정된다. 그런데 윤석열 정부는 법 개정을 생략한 채 법률의 하위법령인 대통령령을 만들고 이를 이용하는 시행령 통치를 일삼고 있다. 입법권은 국회에 있지만 시행령과 시행규칙을 만드는 것은 행정부의 권한이기에, 국회 우회 전략을 쓰는 것이다.

법무부 인사정보관리단 신설, 행정안전부 경찰국 신설, 검찰수사권 확대 등 주요사안을 법 개정 없이 시행령을 통해 강행했다. 상위 법률의 입법 취지를 무색하게 하는 시행령을 동원함으로써 국회의 입법권을 형해화하고 있는 것이다. 뿐만 아니라 시행령에 대한 의견수렴에는 40일이 필요한데, 인사정보관리단 신설과 경찰국 신설 시행령은 최소 입법예고 기간을 무시한 채 추진되었다.

《원론》은 인간 지성의 집약체로, 2000여 년간 연역적 논증의 전형을 보여준다.《원론》을 닮은 법체계를 벗어나 시행령 통치라는 편법을 동원하는 것은 온당치 않다.

피아제의 인지발달단계

스위스의 심리학자 장 피아제^{Jean Piaget}는 인지발달단계를 감각운동기(0~2세), 전조작기(2~7세), 구체적 조작기(7~11세), 형식적 조작기(11세 이후)의 네 단계로 구분했는데, 이 중 세 단계에 들어 있는게 '조작^{operation}'이다. 발달단계는 조작 이전 단계인 '전조작기', 조작이 가능해진 이후는 조작의 특징에 따라 '구체적 조작기'와 '형식적 조작기'로 구분한다. 그만큼 조작이 중요한데, 조작의 핵심은 가역성^{reversibility}이다. 가역성은 A에서 B로 변환되었을 때 거꾸로 B에서 A로 되돌릴 수 있는 능력으로, 가역성이 결핍될 때 나타나는 게 자기중심성^{ego-centrism}이다. 나를 중심으로 타인이 존재할 때 가역적 사고가 가능하다면 타인을 중심에 놓고 내가 타인이 되는 상대적 관계를 인식할 수 있지만, 가역성이 형성되지 않은 전조작기에는 자기를 중심으로 놓는 사고만 가능하다.

💬 최순실 게이트 특검에서 윤석열 당시 수사팀장은 박근혜 전 대통령을 수사하여 45년을 구형했고 법원은 22년을 확정판결 했는데 공천 개입 협의에 대해서는 2년의 징역형을 내렸다. 그런데 윤석열 대통령은 국민의힘 3차 전당대회에서 유력 후보였던 유승민, 나경원, 안철수 후보를

줄줄이 하차시킴으로써 노골적인 당무 개입을 했고, 결국 2023년 3월 윤심 ^{尹心}을 업은 김기현 후보가 당대표로 선출되었다. 박 전 대통령이 공천 개입으로 유죄판결을 받은 것을 상기한다면, 적극적인 당무 개입 역시 심각한 문제인데, 이를 당연시하는 것은 가역성이 결여된 전조작기의 사고라고 할 수 있다.

이쯤에서 교차되는 기억이 있다. 박근혜 정부에서 중대 문서 유출이라는 동일한 사안을 정윤회 파동 때는 국기 문란으로 중대 범죄라 규정했지만, 박 전 대통령이 최순실에게 넘겨준 문서는 선의에서, 순수한 마음으로, 꼼꼼하게 챙겨보고자 했다고 정당화를 했었다. 박근혜 전 대통령과 윤석열 대통령을 관통하는 자기중심적 사고를 읽을 수 있다.

교육이론

전통적인 교육이론에서 학생은 백지상태 $^{tabula\ rasa}$ 혹은 빈 항아리 상태이고, 모든 것을 알고 있는 교사는 지식을 백지에 새겨주거나 빈 항아리에 넣어준다. 구성주의 ^{constructivism} 교육이론에서 학생은 교사가 제공하는 지식을 머릿속에 차곡차곡 쌓아가는 게 아니라, 활동과 탐구를 통해 스스로 지식을 구성해간다. 이와 맥락이 닿는 유명한 말이 '들은 것은 쉽게 잊어버리고(I hear and I forget), 본 것은 기억하고(I see and I remember), 직접 활동을 하면 이해할 수 있다(I do and I understand)'는 것이다. 즉 지식은 말을 듣거나 글을 보아서 전달되기도 하지만 그보다는 활동을 통해 지식을 구성하는 것이 중요하다는 의미이다.

💬 윤석열 대통령은 10·29 이태원 참사 유가족의 억울함을 들었지만 ^{hear} 유가족을 만나지도 1주기 추모식에 참석조차 하지 않는 것을 보면 그들의 아픔을 망각한^{forget} 듯하다. 윤석열 정부에 대한 비판 기사를 보면^{see} 이를 기억해서^{remember} 합리적 비판을 가짜뉴스라고 공격하고, 법적 근거도 없이 방송통신심의위원회에 '가짜뉴스 심의센터'를 설치하고, 언론에 대한 압수수색과 고소·고발을 남발하고 있다. 그에 반해 평생 인권변호사로 어려움에 처한 국민들을 대변했던^{do} 문재인 대통령은 매사에 공감적 이해^{understand} 능력이 높다.

한가을과 늦가을 사이에 따뜻한 날이 계속되는 기간을 북아메리카에서 인디언 서머라고 한다. 여름의 추억을 길게 갖고 싶은 사람에게 자연이 주는 깜짝 선물이다. 이 책의 원고를 마무리하는 시점에 인디언 서머와 같은 날씨가 계속되었다. 책의 내용을 정리하며 한여름과 같았던 청와대, 국회, 대학에서의 다채로운 기억을 꺼내보게 되었고, 마치 인디언 서머를 선물로 받은 느낌이 들었다.

사회에 진출한 후 나의 행로는, 이 책에 포함시키지 못한 교사와 교수 시기, 2부에서 다룬 국회 시기, 1부에 담은 청와대 시기로 이어진다. 가르치는 일에 주력하며 학생들과 교감하던 교사와 교수 시절은 왈츠와 같이 즐겁고 경쾌했다. 국회의원 시절은 협주곡(콘체르토)이 아니었을까 싶다. 협주곡은 피아노나 바이올린과 같은 중심 악기가 독주를 하기도 하고 관현악기들과 앙상블을 이루면서 음악을 만들어내기도 하는데, 국회의원 각자가 의정활동의 중심을 이루면서 국민과 하모니를 이루기 때문이다. 청와대 시절은 음악의 여러 장르 중 복합성이 높고 웅장한 교향곡(심포니)이 아닐까. 청와대 참모들은 거대한 교향악단의 일원이 되어, 국정 운영과 국정 과제 추진이라는 주제 멜로디를 함께 연주했다.

교향곡의 마지막 날인 2022년 5월 9일, 청와대 일대에 수많은 지지자들이 모여 대통령의 퇴근길을 지켰다. 지지자들은 문재인 대통령을 뜨겁게 연호했고, 대통령 부부는 감동 속에 무대에 올라 인사말을 했다. 인파가 해산한 후 청와대에서 경복궁으로 이어지는 길에 줄지어 서있는 플라타너스가 눈에 들어왔다.

그 길을 수없이 오가며 만난 플라타너스는 일년 내내 평범했다. 플라타너스는 수피가 얼룩덜룩하고, 조심스럽게 피는 꽃은 눈에 잘 띄지 않고, 단풍이 선명하게 들기보다는 누래졌다가 잎을 떨구어서, 어느 계절에도 돋보이지 않는다. 플라타너스는 존재를 적극적으로 드러내지 않지만, 넉넉한 크기의 잎은 대기 정화 기능을 묵묵히 수행한다. 그런 플라타너스는 우직하게 일해온 청와대 참모들, 그리고 구름처럼 몰려와 응원을 보내주신 지지자들과 비슷하지 않을까. 플라타너스를 뒤로 하며 나도 마지막 퇴근을 했다.

'뉴스는 역사의 초고草稿', 〈워싱턴포스트〉 발행인 필립 그레이엄 Philip Graham의 말이다. 뉴스의 원천이 되는 게 대변인의 브리핑이니, 대변인의 글과 말 역시 '역사의 초고'라 할 것이다. 역사의 초고에 참여할 수 있었던 축복받은 시간, 함께했던 모든 분들께 다시 한번 감사 인사를 드린다.

정치에 활력을 주는 박경미의

정치비타민

박경미 지음

ⓒ 박경미, 2023

초판 1쇄 2023년 12월 1일 인쇄
초판 1쇄 2023년 12월 8일 발행

ISBN 979-11-5706-318-5 (03340)

만든사람들

기획편집	배소라
책임편집	이병렬
디자인	올디자인
홍보 마케팅	최재희 신재철 김예리
인쇄	한영문화사

펴낸이	김현종
펴낸곳	(주)메디치미디어
경영지원	이도형 이민주 김도원
등록일	2008년 8월 20일 제300-2008-76호
주소	서울시 중구 중림로7길 4, 3층
전화	02-735-3308
팩스	02-735-3309
이메일	editor@medicimedia.co.kr
페이스북	facebook.com/medicimedia
인스타그램	@medicimedia
홈페이지	www.medicimedia.co.kr